AF464498

Edouard Petit

Inspecteur général de l'Instruction publique
Président de l'Union nationale des Mutualités scolaires

De l'École à la Nation

pendant la Guerre

PRÉFACE DE M. LÉON BOURGEOIS

L'École et la Patrie.
L'Entente éducative des Alliés.
Choses vues.
Petits Plaidoyers.

Paris, FÉLIX ALCAN, Éditeur

De l'École à la Nation

PENDANT LA GUERRE

DU MÊME AUTEUR

De l'École à la Cité. — De l'École au livre. — De l'École au métier. — De l'École à la cité. — De l'École au Congrès. — De l'École à la Retraite. — Discours et Allocutions. — 1 volume in-16, broché, **3** fr. **50.** (Paris, F. Alcan.)

De l'École à la Guerre. — L'École avant la Guerre. — L'École et les Œuvres de guerre. — L'École et la Guerre. Chez les Adolescents. — Après la Guerre. — 1 vol. in-16, broché, **3** fr. **50.** (Paris, F. Alcan).

La vie scolaire, 1 volume in-12, broché, **3** fr. **50.** Relié pleine toile, **4** fr. (Paris, Alcide Picard.)

L'École de demain, 1 volume in-12, **3** fr. **50.** (Paris, Alcide Picard.)

Eugène Pelletan, 1 volume in-12, **3** fr. **50.** (A. Quillet).

De l'École à la Nation

PENDANT LA GUERRE

PAR

ÉDOUARD PETIT

Inspecteur Général de l'Instruction Publique
Président de l'Union Nationale des Mutualités scolaires

Préface de M. Léon BOURGEOIS

L'École et la Patrie.
L'Entente éducative des Alliés.
Choses vues.
Petits Plaidoyers.

PARIS
LIBRAIRIE FÉLIX ALCAN
108, BOULEVARD SAINT-GERMAIN, 108

1917

PREFACE

Édouard Petit a consacré sa vie à l'École.

En publiant ses dernières pages, des soins pieux ont permis qu'il la servît encore après sa mort.

La guerre, qui a si durement éprouvé l'École, mais qui l'a glorifiée, devait exalter les sentiments d'affection et de respect qu'Édouard Petit, d'un cœur ardent, a nourris inlassablement pour ses élèves et pour ses maîtres. Chacun des chapitres de ce livre est un hommage à l'École, qui, pendant les heures graves de ces trois années de combats, de périls et d'espoirs, a été tout à la fois, dit l'auteur, « rude et douce », « résolue et tendre », « sentimentale et héroïque ».

L'enseignement de la Guerre à l'École, le devoir qui a conduit et maintenu l'instituteur à l'Armée, son rôle dans la tranchée, son exemple à l'assaut, l'hommage aux maîtres morts, le salut aux blessés revenant à leur chaire, l'admiration et la gratitude pour ceux qui font la classe dans les villes bombardées, comme pour ceux qui enseignent sous l'oppression de l'ennemi... forment les pages proprement guerrières de ce livre.

Les chapitres de sympathie, de solidarité, sont consacrés aux œuvres de l'École, œuvres du Vêtement du Soldat, œuvres du vestiaire du Prisonnier, œuvres du Vêtement des Orphelins, à l'enseignement des mutilés, à l'entr'aide agricole, à l'accueil des petits camarades des régions malheureuses, au rôle des jeunes quêteurs pour les grandes journées de secours et de charité, aux amicales, aux mutualités, aux pauvres écoliers et étudiants serbes...

Mais Édouard Petit, dans lès conjonctures présentes, ne pouvait borner son rôle à celui d'un témoin des actes de l'École pendant la guerre. Éducateur et apôtre, il se devait à lui-même de parfaire son œuvre de pédagogie patriotique. Perfectionner l'École, améliorer ses méthodes, rendre l'élève sain, fort, instruit, former son caractère, l'enseigner *après* l'École et l'enseigner *professionnellement*, voilà ce qu'en toute modestie il a poursuivi, mais avec quelle autorité et quelle compétence !...

Sa participation aux Congrès d'éducation populaire de Rome et de Milan, à la Conférence d'Entente éducative entre Alliés, ses inspections, ses rapports, ses conférences témoignent de sa curiosité, de sa clairvoyance et de sa foi.

Il devait mourir à la peine, mais, en bon ouvrier sûr de l'avenir, il n'avait pas besoin d'attendre la Victoire. L'École la lui avait promise. C'était le serment de la Patrie.

LÉON BOURGEOIS.

14 Juin 1917.

AVANT-PROPOS

La Nation, après la défaite de 1870, a voulu, aux heures réparatrices, réaliser, puis défendre l'École Nationale. L'École, à son tour, pendant la grande guerre, aux heures douloureuses, a montré d'exemple quel rôle elle pouvait et devait jouer dans la Défense matérielle et morale de la Nation.

Pour la Nation, grâce aux Institutrices, aux Instituteurs, à ceux que la Convention a salués d'avance de ce beau titre : les Éducateurs nationaux, grâce aux adolescents, ses disciples de la veille qui, formés à la doctrine de la solidarité nationale, ont su combattre et mourir pour la Patrie, grâce aux millions d'enfants, élevés par elle, qui ont offert et leurs deniers et leur labeur à la grande meurtrie, l'École a donné, au front de bataille et au front de dévouement, la mesure de ce qu'on pouvait attendre de sa doctrine et de son action.

L'École a eu vraiment « l'esprit de guerre » et s'est efforcée de le maintenir dans la Nation.

Pour la Nation, — pour les combattants et les victimes, pour les soldats dans les tranchées, les blessés, les mutilés, les prisonniers, pour les orphelins, les veuves, les mères des héros, pour les réfugiés et les rapatriés, l'École a fait, simplement, modestement, œuvre de guerre, œuvre de pitié, de bonté. Elle a soigné les plaies de la chair et du cœur, soulagé les misères que laisse après soi le détestable fléau. Elle a été consolation et réconfort.

Pour la Nation, dès le début, l'École, de vif élan dans la fièvre de l'enthousiasme, a revendiqué sa part de sacrifices. Des sceptiques gisaient: « On croit que la guerre sera brève. Si elle dure, l'ardeur d'activité dont brûle l'École, durera-t-elle? La lassitude viendra. Les ressources se feront rares. Le surmenage épuisera les forces. Les institutions de fortune qu'abrite l'École, pourra-t-elle les soutenir? L'École-atelier retiendra-t-elle ses millions d'ouvrières volontaires? Le geste de fraternelle amitié ne s'affaiblira-t-il pas à la longue?

La guerre se déchaîne depuis près de trois années, et, pour la Nation, l'École continue son labeur obstiné. Au-dessous des défaillances, des mécomptes, des désillusions, au-dessus des erreurs et des fautes, au-dessus des conflits suscités par l'égoïsme et par les intérêts privés, patiemment, sûrement, l'École poursuit sa mission.

On a essayé de montrer dans le volume : De l'École à la Guerre, *quelle fut, dans la première année de la guerre, son allégresse au travail, quel son esprit d'initiative alerte et vivante, quelle sa verve d'ingénieuses inventions pour se faire toute à tous.*

On tâche dans le présent livre : De l'École à la Nation, *de décrire les formes nouvelles d'aide pra-*

tique que l'école, faisant succéder l'organisation à l'improvisation, ajuste, avec une précise méthode, à des infortunes et à des détresses mieux étudiées, mieux soulagées. On s'efforce en outre de dégager l'attitude calme, réfléchie, de l'école nationale qui, aux jours d'anxiété, demeure maîtresse d'énergie, de confiance, de solide résolution et, jusqu'à la conclusion du drame qui ensanglante le monde, mettra son honneur à demeurer mobilisée au service de la Nation.

L'École nationale, qui était éprise de bonté, de fraternité, souffre de voir tant de villes, tant de villages « dont les ruines mêmes ont péri », de voir tant de familles élevées par elle, qui ont donné le meilleur de leur sang. Elle est atteinte au profond de ses sentiments, de son idéal, bons précisément parce qu'elle constate quelle est la doctrine, quelles sont les fins de la barbarie scientifique, destructrice du progrès et de la liberté; elle se doit à elle-même, pour éviter aux générations nouvelles le retour d'une si épouvantable catastrophe, d'enseigner la guerre, de conserver sa tenue de guerre, d'accomplir, sans relâche, son service de guerre, jusqu'à la libération du territoire pour aider à conquérir la Paix, la noble Paix du Droit, la paix française et humaine que consentiront l'honneur et le salut de la Nation.

ÉDOUARD PETIT.

DE L'ÉCOLE A LA NATION PENDANT LA GUERRE

I

L'ÉCOLE ET LA PATRIE

DEUX MÉTHODES

Dans la première année de guerre, il n'y avait qu'une École dans l'École au sujet de la Guerre. On disait aux maîtres et les maîtres répétaient : « Il faut enseigner la Guerre. La Guerre doit être le centre d'intérêt d'où rayonnent toutes les leçons. »

Comme la mêlée dure depuis plus de deux ans, une seconde École fait son apparition qui réclame en s'appuyant sur des arguments fort raisonnables et solidement déduits, le retour à un état de choses normal. Ses tenants demandent que l'on s'enferme dans les programmes, dont l'étendue est longue dans une année scolaire qui est courte, que l'étude calme et sereine absorbe la pensée des disciples et des professeurs. Un écrivain dit avec esprit : « S'il est indispensable que les écoliers soient mis en état de se souvenir, il faut aussi qu'ils apprennent. » Il ajoute : « Un enseignement qui, trop volontiers, se pencherait sur les événements quotidiens, risquerait de se répandre en digressions hasardeuses. »

Avec même sincérité, même bonne foi, même souci de faire œuvre utile, d'autres éducateurs se prononcent pour une autre méthode. La Guerre doit être sans cesse rappelée, expliquée, commentée, enseignée par les enseignants. Sans doute, les sciences échapperont à des développements qui seraient oiseux. Mais l'histoire, la géographie prêteront à des rapprochements qui éclaireront le présent et le passé, à la lumière l'un de l'autre. Le communiqué sera comme lié à la carte, les devoirs seront comme commandés par un autre devoir : Vivre constamment en pensée avec les combattants, avoir toujours présente à l'esprit l'image de la Guerre.

Les deux méthodes éducatives, les deux Écoles au vrai, ne sont pas inconciliables !

L'enseignement peut et doit être pénétré par l'idée et le sentiment de la Guerre et demeurer l'enseignement avec toute sa force de pénétration.

Délayer n'est pas démontrer. Sans que les exercices ordinaires de la classe soient interrompus et l'emploi du temps troublé, l'on peut, soit comme préface, soit comme conclusion du travail, faire un résumé vivant, présenter nettement un « état de la situation » qui, dans l'école, est nécessaire, mais qui peut apparaître comme moins utile dans le lycée et le collège.

C'est l'École, en effet, qui, dans des milliers de villages, renseigne, éclaire, rassure, par l'enfant, la famille.

C'est l'École qui, par l'excitation qu'elle crée, par les appels à la collaboration aux Œuvres de guerre, par les sentiments d'enthousiasme et de foi qu'elle répand autour d'elle, empêche que trop de personnes que n'atteint pas directement le conflit, s'habituent à la guerre, y deviennent à peu près indifférentes, ne lui prêtent pas le concours passionné de travail et d'argent, de raison et de cœur dont la Patrie a besoin jusqu'au bout.

Et voilà pourquoi, tout en ne l'écartant pas de la mesure et de la prudence, il convient que l'École primaire demeure comme une École de la guerre jusqu'à l'heure de la Paix.

DEUX GÉNÉRATIONS

La 75e liste des instituteurs tués à l'ennemi vient de paraître au Livre d'Or de l'Université. Elle est particulièrement chargée; elle compte 56 noms d'éducateurs qui sont morts au champ d'honneur ou bien qui ont succombé aux suites de leurs blessures.

Quel a été l'énorme tribut payé par l'École à la guerre, on pourrait le connaître aisément en faisant l'addition des noms portés aux listes funèbres et glorieuses. Elle sera faite plus tard. Le chiffre exact des héros qui se sont immolés pour le salut de la patrie sera proclamé. Et, sur un monument que les éducateurs élèveront à la mémoire de leurs camarades, tous les noms figureront, quand la paix sera revenue et que le doute sera dissipé sur le sort des « disparus », nombreux, eux aussi.

La 75ᵉ liste est suivie, comme d'ordinaire, des citations, et à l'ordre de l'armée, et à l'ordre des corps d'armée, des divisions, des brigades, des régiments, des bataillons. Elle dénote, comme l'avaient fait les énumérations précédentes, quelles qualités d'allant, d'initiative, de courage et de dévouement, et aussi de décision et d'organisation, a déployées cette élite de combattants qui sait pour quel idéal elle lutte et qui ne cesse d'exercer un magnifique ascendant sur les troupes qu'elle encadre.

Une phrase revient souvent dans la prose ferme et nerveuse des chefs : « X... est un exemple pour ses hommes. N'a cessé au cours des combats de les encourager, de soutenir leur moral. »

Presque toujours ils avancent en tête des sections, sont chargés de missions difficiles. Ils sont « agents de liaison » ou bien placés aux postes d'observation.

Comme la guerre dure depuis vingt et un mois, la plupart des instituteurs, cités à l'ordre du jour ou bien décorés, — quatre, sur la 75ᵉ liste, sont portés comme chevaliers de la Légion d'honneur, deux comme médaillés militaires, — ont avancé en grade.

(15 avril 1916.)

Ils étaient caporaux, sergents, au début, car beaucoup sortaient de l'École de Joinville, où ils avaient été soumis à un apprentissage spécial, pour devenir instructeurs, moniteurs de gymnastique. Ils avaient formé, entraîné les soldats, dans les grades d'abord subalternes. C'est même parce que nombre d'entre eux étaient sous-officiers qu'ils ont été si éprouvés.

Mais les survivants ont conquis des galons. Combien sont lieutenants, capitaines! La 75e liste ne fait pas connaître moins de 25 promotions. Des élèves maîtres d'écoles normales, des quasi « bleuets » sont des officiers dont on signale l'audace et l'énergie.

Quelle influence n'exerceront-ils pas sur les générations nouvelles s'ils reprennent, au lendemain de la guerre, le chemin de l'école, — car l'armée en retiendra plus d'un à son service. Et il faut le prévoir.

La 75e liste ne se distinguerait pas de ses devancières si une page n'y était consacrée à Jules-André Peugeot « le premier soldat français mort au champ d'honneur » et qui était un instituteur, caporal au 44e régiment d'infanterie. Il avait 21 ans. Il était fils d'une institutrice. Assailli par un peloton de cavaliers allemands, blessé trois fois par un officier, il eut le temps d'abattre son agresseur avant de mourir. Le caporal instituteur Peugeot avait mérité une citation à l'ordre de son régiment. Son colonel la lui décerna « pour avoir arrêté et dispersé la première patrouille allemande qui violait le territoire français. »

C'est là ce qu'on lit dans le *Bulletin officiel de l'Instruction publique*, en date du 15 avril 1916, et on y peut voir, à côté du pieux souvenir dédié à Peugeot, et qui est comme la préface rétrospective du Livre d'Or, après la liste des morts, en saisissante antithèse, une autre liste.

C'est l'énumération des vétérans qui, mis à la

retraite, après trente et même quarante ans de service, obtiennent l'honorariat.

Ceux-là aussi ont livré de bons combats ; ceux-là, ces anciens, ont formé les promotions qui sont l'honneur du pays et auxquels il doit salut et victoire. Et parmi eux, il est plus d'une mère, plus d'un père dont le nom figure au Livre d'Or où sont inscrits les morts, les promus, les décorés, et les deux listes se confondent dans une auréole de gloire.

OU ÉTAIT LE DEVOIR

La centième page du Livre d'Or de l'Université a récemment paru au *Bulletin de l'Instruction publique*[1]. Elle contient son ordinaire contingent de morts et de citations et de promotions, sa moisson de deuil et de gloire. Huit professeurs et répétiteurs ont été tués à l'ennemi, 48 instituteurs sont également tombés au champ d'honneur, 40 d'entre eux sont portés comme blessés; 10 instituteurs sont cités à l'ordre de l'armée, 3 sont nommés chevaliers de la Légion d'honneur, 14 reçoivent la médaille militaire, 30 sont élevés au rang d'officiers et l'un d'eux, M. Bienfait, instituteur des Ardennes, chevalier de la Légion d'honneur, devient commandant.

De semaine en semaine, la France intellectuelle se découronne. Deux fois déjà les générations des hommes qui étaient, ou devaient être la pensée même du pays, ont perdu leur printemps et aussi

1. 7 octobre 1916.

leur été. Quelle dépense d'initiatives, de talents, de volontés, qui auraient marqué leur trace dans les champs de l'activité productrice! Qui remplacera cette élite qui est allée grave et résolue au-devant du péril, qui a consenti, de dessein arrêté, le sacrifice de sa vie pour le salut de la patrie?

Les aînés travailleront encore qui aspiraient au repos, pour remplacer, jusqu'à usure de leurs forces, les anneaux brisés dans cette grande chaîne tendue par le labeur humain.

Mais l'heure viendra, et promptement, où la tension de leurs énergies s'affaiblira et l'on ne peut préjuger si la transition pourra être ménagée entre ceux d'hier et ceux de demain, dans l'effondrement des vaillants et des forts qui étaient le présent et qui formaient le lien entre le passé et l'avenir...

Parfois, en constatant les vides qu'a creusés la monstrueuse tuerie ordonnée par la folie des Hohenzollern et des Habsbourg, d'aucuns se disent et vont répétant : « N'aurait-on pas pu réserver une part de ceux que l'on savait désignés pour être les inventeurs, les écrivains, les savants, les artistes de demain, de ceux qui, s'étant le mieux assimilé les leçons des maîtres et donnant déjà des espérances, auraient été à leur tour les porteurs de flambeau? On l'a fait en d'autres pays. Pourquoi ne l'a-t-on pas voulu en France? Pourquoi a-t-on sacrifié ceux qui venaient de forcer l'entrée des grandes écoles, ceux qui, par quelque œuvre originale, donnaient des promesses que pour plus d'un l'avenir eût tenues! N'est-ce pas condamner la patrie à une diminution de ses forces vives, et qui pourra être longue, à une éclipse de son rayonnement au dehors! C'était faire preuve d'un patriotisme sage et avisé que de prévoir les lendemains de la guerre et de s'assurer une réserve de talents et d'énergies qui aurait aidé à réparer tant de ruines accumulées. »

La critique, la plainte plutôt, semble logique et souvent elle est formulée par des personnes désintéressées qui n'ont à l'armée ni un fils, ni un parent : ingénieur, professeur, peintre, écrivain, et que seule anime la pensée du bien public.

Mais un autre argument, d'ordre économique et social, est tout aussi fort, tout aussi probant, et l'on n'eût pas manqué de l'introduire dans une discussion qu'il était expédient d'éviter, car elle eût été vite irritante et passionnée et eût rompu, dans le heurt des intérêts, l'union sacrée.

« Les lettres, les sciences, les arts ne doivent pas avoir une situation privilégiée. Le commerce, l'agriculture qui ont leur valeur, leur mérite aussi, ne peuvent fournir seuls des défenseurs à la patrie. Les mettre seuls à l'honneur et au péril, c'eût été, après la guerre, jeter le discrédit sur les exemptés. »

Tous ceux qui se consacraient aux professions libérales l'ont compris et ont revendiqué courageusement leur lot de danger et de gloire. L'impôt, ou plutôt l'offrande du sang, les intellectuels ont voulu en avoir leur part. Ce fut sagesse et noble fierté.

Dans un pays égalitaire comme le nôtre, on n'eût pas supporté, en une heure de crise, que le fardeau des peines et des sacrifices retombât tout entier sur ceux que le hasard de la naissance avait empêchés de faire de coûteuses études. Le privilège de s'instruire, de se cultiver, avait été donné à quelques-uns par la fortune, au début de leur vie, dans les années de paix. Il devait cesser aux années d'épreuves qu'il fallait endurer en commun. D'avoir souffert corps à corps, cœur à cœur, les fils de France, tous confondus dans un même amour pour la même mère, ont prouvé qu'ils croyaient à la justice et qu'ils combattaient vraiment pour le droit.

La présence dans les tranchées, dans les assauts, de l'élite pensante qui, si souvent, encadrait les paysans et ceux des ouvriers que ne retenait pas l'usine de guerre, a apporté à tous les combattants une aide morale qui a contribué à la tenue morale des soldats. La confiance, l'estime réciproque ont fait naître une fraternité d'armes qui a exalté les courages. De quelles ressources ne se fût-on pas privé si ce ressort d'amitié vraiment française avait fait défaut! Et comment eût-on évité les défaillances et les rancœurs qu'eût engendrés dans les esprits l'absence légale de ceux qui ont été l'âme agissante de l'armée nationale?

Sans doute il faudra un long temps pour que la France guérisse de la blessure faite à son flanc et à son cerveau! Mais de même que la jeunesse a fait plus que son devoir, l'adolescence redoublera d'ardeur dans l'œuvre de réparation et de reconstruction. Il lui incombe de « travailler double », comme on dit en langage populaire, de se mettre avec une ardeur inlassable à l'étude, de tirer de son fond l'esprit d'entreprise, la volonté, la persévérance que le pays réclame et dont il a besoin.

L'héroïsme guerrier des vaillants tombés au champ

d'honneur doit se prolonger chez les débutants de la vie en héroïsme civique qui donne à la France la victoire dans le champ clos des luttes pacifiques.

Où était le vrai devoir : ceux qui sont morts pour la patrie l'ont compris. Où est le devoir présent et prochain, les générations nouvelles le savent et s'acheminent vers sa réalisation.

L'ÉDUCATION PAR L'ÉPREUVE

La génération qui est à l'école, au collège, qui prépare son certificat d'études ou bien son baccalauréat, aura grandi au son du canon. Elle passe par des jours d'épreuve qui la forgeront.

La promotion des petits est volontiers batailleuse. Elle joue à la petite guerre. On lui en veut, certes, un peu de sa turbulence. Au dire des maîtres, le nombre des « enfants terribles » s'accroît. Ils aiment la vie extérieure, ils sont bruyants, quand on les voudrait silencieux et réfléchis.

Et pourtant on se demande, en hésitant, s'il faut les blâmer de leurs élans, de leur fougue, de leur ardeur prématurément guerrière. N'est-ce pas la race qui s'affirme en eux? Ce sont bien les fils, les frères des héros qui réalisent magnifiquement une sublime épopée, qui domptent leur naturelle impatience, mais qui, sous le nom nouveau de « cran », possèdent la « furia », classique dans l'histoire.

Les jeunes promotions sont sportives. Déjà, avant la guerre, depuis cinq ans environ, elles pratiquaient avec entrain et avec succès des exercices de plein air, fréquentaient stades et terrains de jeux, s'adonnaient à la gymnastique, au tir, à la préparation militaire.

Depuis que la grande mêlée des peuples a commencé, elles se soumettent, avec passion et avec méthode, à la discipline que leur imposent moniteurs et instructeurs. Le Parlement a rendu obligatoire la culture physique, ainsi que l'ont demandé MM. Henry Chéron, Henry Béranger, Milliès-Lacroix, reprenant la pensée du général Galliéni. Mais les mœurs ont précédé la loi.

Le spectacle est réconfortant et émouvant que donnent, aux heures de loisirs scolaires, aux après-midi des jeudis et des dimanches, tous ces jeunes gens qui, volontairement, fraternellement, toutes conditions confondues, recherchent l'instruction, l'entraînement physique permettant à leurs futurs officiers de les employer plus tôt et plus utilement à la défense de la patrie.

L'avance prise sur l'appel de la classe permet aux bleuets de demain d'abréger le temps de travail régimentaire et de passer plus vite de la caserne au front. Ils vont noblement au-devant du devoir, ces adolescents, passant, de l'Odyssée et de l'Enéide à la théorie, maniant le fusil et le livre, combinant les études intellectuelles et l'apprentissage du métier militaire. Et dans les rangs les rejoint la jeunesse ouvrière et rurale qui, de la ferme, du bureau, de l'atelier, dans les courtes haltes de son activité laborieuse, accourt sous les drapeaux.

Mais les maux que subit la Patrie n'ont pas eu seulement pour conséquence de donner plus d'ampleur au mouvement de Renaissance physique, qui, depuis quelque temps, emportait la jeunesse étudiante et la jeunesse populaire.

Si l'épreuve commune a été école de vigueur, d'endurance, elle a été aussi école d'énergie morale et sociale.

Combien de fois les mères, les sœurs, ont eu le courage de tenir, de ne pas se laisser aller au découragement, aux jours de deuils publics et privés, parce que, tout près d'elles, elles avaient le fils, le frère, dont le langage et les actes, s'inspirant de l'exemple donné au front par les aînés, à l'école, au lycée, par les maîtres, disaient au foyer familial la confiance, l'espoir dans les lendemains meilleurs. La femme a dû beaucoup à l'enfant, à l'adolescent, qui, forgés à des leçons de fermeté, réagissaient contre la détresse de pauvres cœurs meurtris.

Non que la jeunesse n'ait pas ressenti douloureusement les angoisses et les souffrances de ses proches, les malheurs de la Patrie. Mais, éprise d'un haut idéal et comme soulevée par une noble exaltation, elle a mis le plus souvent son point d'honneur à refouler plaintes et pleurs.

Encadrée par ses éducateurs, consciente des devoirs qui lui incombaient, elle a su supporter sa part de maux, et surtout aider au soulagement des misères d'autrui. Depuis le début de la guerre, elle s'est affirmée solide et ferme, mais elle a fait preuve de sentiments infiniment tendres, elle s'est penchée, pour y porter remède, sur toutes les plaies dont saignait la Patrie.

Que de traits touchants sont révélés chaque jour par les maîtresses et les maîtres, et qui sont tout à l'honneur des disciples! Quelle contribution ont fournie l'École, le Lycée, tous les établissements d'Instruction, et de tous ordres, aux Grandes Journées! Quelle précision de méthode pour assurer le succès des quêtes! Que de petites privations, que d'humbles et méritoires sacrifices pour venir en aide à blessés, prisonniers, filleuls, réfugiés, orphelins! Que d'œuvres dont l'énumération, dont les titres varient de ville à village, dont les modalités s'ajustent aux nécessités locales, ont groupé enfants et jeunes gens, faisant don de leurs deniers et de leur cœur et recevant, en échange, une inoubliable et vivante leçon d'initiative organisée, d'intelligente et pratique bonté.

« Ceux de demain » qui ont passé par les heures d'extrême péril et de « grande pitié », au temps de la guerre, auront été élevés à une école rude et douce à la fois, école des caractères, école aussi des sentiments.

NOS CHERS MORTS

Ce jour, je le marque d'une pierre noire. Je reçois une lettre qui m'annonce la mort au Champ d'Honneur d'un tout jeune homme, récemment sorti de l'École normale supérieure et du concours d'agrégation : Marcel Etévé, fils d'une institutrice, d'un professeur d'École normale. Etévé, que sa mère, demeurée veuve, avait élevé avec un soin jaloux, se vouant tout entière à cette tâche difficile et délicate entre toutes de former une âme, donnait les plus belles espérances.

C'était un artiste et un lettré. Épris de musique et de poésie, il eût marqué sa trace dans le champ de la pensée. Les lettres que, du front, il adressait à sa mère, dénotent une rare élévation d'esprit et sont de purs chefs-d'œuvre improvisés dans la tranchée.

Etévé est mort en héros, au pays de Picardie. Le 19 juillet, Etévé, lieutenant d'infanterie, est blessé. Il refuse de se laisser évacuer. Le 20, il prend part à une nouvelle attaque. Il est blessé une seconde fois, mais il voit son capitaine tué à ses côtés. Il se relève, et, dans un effort désespéré, dans un élan splendide, rassemble ses hommes, les entraîne à l'assaut. C'est alors que, blessé pour la troisième fois, à la tête, il tombe en avant, sur le bord de la tranchée ennemie. Par ordre de ses chefs, le nom du lieutenant Etévé a été donné à la tranchée auprès de laquelle il est allé au-devant de la mort.

J'avais vu Etévé au moment du départ. Il s'en était allé grave, ferme, confiant. Je l'avais revu au cours de la permission, si réduite, dont il avait joui et nous avions parlé d'avenir. Sa mère était présente à l'entretien. Aucune parole de doute, d'inquiétude, n'avait troublé la causerie, car ce bon fils ne voulait obscurcir d'aucune ombre les heures brèves, si vite envolées, qu'il consacrait à celle dont il fallait aviver la courte joie. Il glissait sur les dures épreuves subies dans la boue des tranchées, voilait les laideurs de la guerre, insistait sur ce qu'offrait de beau, de réconfortant, la fraternité des armes. Ce pur intellectuel, qui pâlissait encore sur les livres grecs et latins à la veille de la guerre, qui, d'une salle d'examen, sans transition, sans un jour de repos, avait passé dans une caserne, puis dans les guérets de l'Est, par une subite métamorphose s'était fait une âme de soldat. Nul regret, nulle plainte, mais le calme, le sérieux, le sang-froid réfléchi de l'homme vraiment homme, qui sait, qui veut accomplir son devoir et qui d'avance a fait le sacrifice d'une vie qu'il pouvait entrevoir brillante, pour une cause, pour une Patrie qu'il aime.

La tranchée de X*** porte le nom du jeune et magnifique héros. Mais elle ne peut en être honorée et l'honorer que pour peu de temps. Elle sera comblée. La charrue passera sur cette terre qu'il a arrosée de son sang. Et la vie fleurira et les blés lèveront où la mort a fauché.

Cette survivance du nom, et pour Etévé, et pour tous les Normaliens, et pour ceux des Lycées et des Collèges, et pour ceux des Écoles primaires et pour les Étudiants des Universités, qui, morts pour la Patrie, se sont distingués par une action d'éclat, pour l'élite enseignante qui a mérité la citation à l'Ordre du Jour, pourquoi les disciples ne l'assureraient-ils pas aux maîtres?

Pourquoi tel lycée, tel collège, telle maison d'école ou bien telle classe ne porteraient-ils pas le nom d'un professeur, d'un instituteur, qui a aimé la gloire et qui mérite de l'avoir conquise là où le hasard de la destinée lui a permis d'en arracher un rayon?

En outre des Listes, des Livres d'Or, des Plaques commémoratives, la dédicace du nom serait pour l'Enfance et l'Adolescence comme une leçon d'héroïsme permanente et profonde. Et aux jours de cérémonie, de grande solennité, à l'appel du nom glorieux, un élève désigné par ses condisciples répondrait, comme on fait au régiment de la Tour d'Auvergne. « Présent »!

LES FLEURS DU SOUVENIR

« Que des plus nobles fleurs leur tombe soit couverte. »
CORNEILLE.

C'est une habitude charmante qu'ont prise, dans nombre d'écoles, les écolières, aux villes comme aux champs. Elles fleurissent la classe selon les saisons et, sur la chaire de l'institutrice, posent un gentil bouquet qui met dans la prose du travail scolaire un peu de poésie.

Même des garçons, qu'on pourrait croire rudes et frustes, ont parfois imité les fillettes, depuis que la guerre a substitué en tant d'endroits l'institutrice à l'instituteur. Ils ont la délicate attention de cueillir quelques lilas, quelques roses, quelques chrysanthèmes au jardin familial et de les offrir à celle qui, comme une grande sœur, les enseigne doucement. Certes, il ne faut pas croire que MM. les écoliers glissent dans la berquinade, qu'ils renoncent à l'espièglerie, que, parfois aimables, ils soient toujours obéissants. Le naturel reprend le dessus. Et sous les fleurs se dressent les épines.

Mais le geste est joli, quand même.

Combien il peut traduire de tendresse, combien il peut exprimer de vénération, d'affection reconnaissante, je l'ai pu voir récemment dans une petite ville.

C'est à X..., dans une classe de prochaines brevetées. Une jeune femme, toute vêtue de deuil, fait sa leçon avec une rare fermeté de pensée, une souple élégance de forme. C'est la veuve d'un professeur exerçant dans la même ville et qui, devenu officier, est mort héroïquement à la guerre. Institutrice, elle l'avait épousé quand il était instituteur. Tous deux, par un âpre effort, avait préparé de difficiles examens, conquis les diplômes qui ouvrent l'accès des écoles normales. Tous deux exerçaient leurs fonctions avec maîtrise et avaient acquis l'estime et l'amitié de leurs disciples et de leurs familles. Au foyer et à l'école, ils jouissaient d'un calme bonheur qui pouvait se promettre de longs lendemains.

La guerre éclata. Il partit, monta en grade à l'armée comme il avait fait à l'école. Un jour, les nouvelles manquèrent. Puis vint l'annonce fatale qui frappa la femme en plein cœur. On pouvait craindre que, lui tombé, le maître ressort ne fût brisé en elle. Mais on ignorait que, dans chacune de ses lettres, il lui recommandait d'être ferme, de ne pas faillir à son devoir d'éducatrice, quoi que le destin préparât.

On proposa à la jeune veuve de prendre un repos de quelques jours, pour qu'elle pût s'isoler dans sa douleur, se ressaisir. Mais elle ne s'était pas abandonnée. Dès le lendemain du jour où elle avait reçu la dépêche, elle était à son poste, faisait sa classe, interrogeait, exposait, résumait avec la même sûreté de méthode que la veille.

Cette étonnante énergie, cet inaltérable stoïcisme, elle les puise dans le souvenir du Mort adoré.

Approchez-vous de la chaire où sont ses livres, ses notes soigneusement préparées, les cahiers des jeunes filles corrigés avec minutie, vous y verrez un calepin entr'ouvert d'où sort la photographie de celui qui toujours lui sert de guide et de soutien.

Le portrait ne la quitte pas. Le regard du disparu est en elle, en elle sa pensée, et celui qui fit nos devoirs lui dicte son devoir. Et près du portrait vous remarquerez un bouquet de fleurs.

Ce sont les fleurs du Souvenir, les fleurs, chaque jour renouvelées, qu'apportent les jeunes filles, discrètement et pieusement, à la femme de fier courage et d'obstiné dévouement dont elles ont l'honneur de recevoir les hautes et nobles leçons.

Les fleurs sont comme associées à la douleur qu'elle refoule en elle pour n'écouter que la voix de Celui dont elle prolonge le labeur et l'apostolat. Chaque jour, hiver comme été, les fleurs sont glissées près de la place où sera le portrait, par des mains délicatement attentives.

FILS DE HÉROS

La guerre est comme la réhabilitation de ceux que Cham et Gavarni appelaient les enfants terribles, et qu'il est juste d'appeler, à l'heure actuelle, les petits Poulbot. Ils sont la terreur des mères, car ils se plaisent à jouer la difficulté et à risquer l'accident. Ils sont une énigme parfois douloureuse et toujours piquante pour les éducateurs qui ont fort à faire pour réprimer l'indiscipline de bons petits diables attachants, mais turbulents, gênant le travail de leurs camarades et attirant sur la tête des maîtres la terreur de la responsabilité.

Sans cesse, il faut les gronder, parfois sévir contre eux. Ils troublent la classe, emplissent le trottoir d'un tumulte batailleur.

Pendant la première année de guerre, ils s'étaient tenus à peu près sages. Le père, accrochant son sac pour le départ, avait fait de pressantes recommandations sur un ton de gravité émue. Il avait entremêlé promesses et menaces, et fillettes et garçons avaient escompté l'échéance prochaine, et des récompenses, et des punitions. Mais le père n'est pas encore revenu ou ne sera plus jamais de retour. Et, au foyer comme à l'école, le souvenir des promesses faites par la progéniture a été oublié. Le naturel a repris le dessus. L'espièglerie est désormais comme débridée. Les plaintes des grands-parents, des mères, des sœurs, des institutrices qui si souvent remplacent des instituteurs, et qui sont débordés par la marmaille déchaînée, se font plus amères de jour en jour.

Or, je sais bien des personnes qui sont moins sensibles aux doléances sur la turbulence enfantine qu'elles ne l'étaient avant la guerre. Telle qui tenait pour la répression, se détend de sa sévérité. Telle qui gémissait sur « l'insubordination » — c'était le mot consacré — des « générations nouvelles », est encline à sourire et même se montre rassurée par l'entrain endiablé, qui lui semble bruyant sans excès, des jeunes promotions.

C'est la guerre qui a opéré cette double métamorphose.

Les enfants sont devenus plus terribles et les anciens qui se penchent vers eux et qui interrogent l'avenir sont devenus plus indulgents.

Dans ces collégiens qui s'adonnent aux sports violents, aux « scoutismes », dans ces écoliers qui jouent aux soldats et qui, si volontiers, se livrent de furieux combats, ils voient la personnification vivante de la race dont l'énergie s'éveille.

Ne sont-ce pas les pères, les frères de ces enfants dont la pétulance irrite mères, éducateurs et passants aussi, qui se sont si facilement transformés en héros? N'est-ce pas leur vivacité, leur impétuosité naturelle qui les ont rendus si ardents et redoutables à l'assaut? Ce que l'on croyait être un défaut, n'était-ce pas peut-être une qualité, qui, bien dirigée vers des fins précises, stimulée par le patriotisme, s'est traduite par de l'initiative, de l'élan, de l'adresse souple et résistante? N'est-ce pas cette mobilité, cette exubérance, ce besoin d'agir, de courir, de se dépenser qui faisaient dire à la mère exaspérée de voir son fils agité : « Ah! qu'il est difficile à garder! Il ne reste pas une minute en repos. Impossible d'obtenir qu'il demeure tranquille » et qui, dans la mêlée sanglante ont fait crier grâce à l'ennemi surpris de ce « mordant », de cet « allant », comme disent les officiers?

Ces enfants remuants, aux allures énergiques, brusques et franches, mais ce sont ceux qui ont sauvé la France et qui font l'étonnement du monde. En eux, la « furia » n'est pas morte. Elle ne demande qu'à revivre pour servir la Patrie.

Et voilà pourquoi les anciens, qui ont l'expérience de la vie et qui songent aux destinées historiques du pays, excusent des gamineries et des escapades dont hier encore ils se montraient fort navrés, et pourquoi la semonce expire sur leurs lèvres, et pourquoi, quand ils voient les prouesses de ceux que la veille ils auraient traités volontiers de mauvais garnements, dans leurs yeux luit un rayon de joie et d'espérance.

Et voilà pourquoi encore, l'écolier trop sage, d'humeur calme et silencieuse, cité comme un modèle en temps de paix, le cède un peu dans l'estime de son entourage à l'écolier épris d'air libre et de jeu, qui prend sa revanche et qui bientôt prendra la revanche de la Patrie.

CEUX QUI SONT RESTÉS

On ne peut pas, en cette troisième année de guerre, ne pas vivre en pensée avec les institutrices et les instituteurs qui, depuis août 1914, sont restés en pays envahi. Ils sont demeurés à leur poste, ou par raison de famille, ou par attachement au pays natal, ou par ordre, surtout par devoir.

Cette institutrice n'a pas voulu abandonner son foyer, elle a cru que la guerre serait de courte durée et que, par sa présence, elle empêcherait le pillage de ses meubles, éviterait la ruine. Celle-là n'a pas voulu quitter des parents que l'âge empêchait de partir. Cette autre a estimé qu'elle aurait à donner des soins à des malades, à des blessés, à secourir des misères imméritées, à relever les courages abattus.

Ce maître qui aurait pu fuir devant l'envahisseur dont, en 1870, il avait éprouvé la dureté, a pensé que sa place était au milieu des habitants à qui il pourrait rendre d'utiles services. Pour cet autre, l'abandon des enfants commis à sa garde eût semblé comme une désertion de poste.

Que deviennent-ils, toutes celles et tous ceux qui, ou malgré eux, ou de dessein arrêté, sont prisonniers civils en pays occupé par l'ennemi ?

Par des rapatriés, parfois, des nouvelles se font jour qui jettent quelques lueurs sur le sort qui leur est imposé. Là où les locaux scolaires ne sont pas occupés soit par les troupes, soit par les blessés, institutrices et instituteurs font la classe, reçoivent un traitement. Mais comme toute la population, d'ailleurs, ils ne mangent pas à leur faim, car les vivres sont rares et l'achat qui en est coûteux pèse lourdement sur leur pauvre budget.

Ils continuent à enseigner, et dans quelles conditions, on le devine! Ils professent sous la surveillance toujours en éveil de la Kommandatur. On tolère que l'enseignement soit donné en français : mais un cours d'allemand est le plus souvent obligatoire.

Par quelles épreuves morales s'ajoutant aux souffrances matérielles passent ceux qui sont restés, on le devine aussi. Il faut qu'ils maintiennent au cœur des enfants l'amour de la patrie qui lutte désespérément pour les délivrer, et il faut qu'ils n'effarouchent pas la susceptibilité inquiète du vainqueur qui sent son triomphe passager et qui est irrité par l'inanité des efforts tentés pour détruire dans l'âme des vaincus la foi dans la victoire libératrice. Que d'angoisses cause l'absence ou la pénurie de nouvelles, le colportage des faux bruits, quelles tortures représente l'attente anxieuse!

Ceux qui sont restés vivent dans une atmosphère de

délation. Inspirent-ils quelque défiance? Sont-ils soupçonnés de faire secrètement œuvre de résistance patriotique? La chaire est supprimée, l'institutrice, — j'en ai la preuve en mains, — déportée en un camp en Allemagne, l'instituteur interné au loin.

Même il arrive que toute école soit fermée, comme on a fait dans le Nord, et tous les enfants approchant de l'adolescence envoyés en captivité. Roubaix a vu l'horrible chose.

Et alors, celui qui a assumé la noble tâche d'élever la jeunesse, celui qui représente la famille parmi ses disciples, se dresse devant le bourreau, veut subir même sort que les otages.

L'acte de sublime dévouement accompli par M. Lambert, homme vraiment frappé à l'antique marque, est à connaître. J'en emprunte le récit à un journal neutre, le *Telegraaf* d'Amsterdam : « Les soldats allemands se sont présentés à l'Institut Turgot, à Roubaix, et y ont enlevé 150 élèves de seize ans sans leur donner l'occasion de dire adieu à leurs parents. Le directeur de l'Institut Turgot déclara à l'officier allemand qu'il était responsable pour ses élèves et qu'il désirait les accompagner, ce qui lui fut accordé. »

Le récit ne peut rester ignoré. On devra un jour l'inscrire en belle place au Livre d'or de l'École.

LES VACANCES DE 1916

La guerre avait surpris, à la veille des vacances, professeurs, institutrices, instituteurs que l'âge n'appelait pas aux armées. L'école avait organisé des garderies, aidé mairies et préfectures dans les multiples services qu'il fallait instituer. Elle avait logé des troupes, des réfugiés, des rapatriés, des blessés. Il y eut un bel élan de travail, car l'on n'eût pas osé invoquer les fatigues de l'année et se réfugier dans une inaction qui eût été désertion.

Les vacances de 1915, après deux ans de surmenage, ne furent prises qu'à demi. Ne fallait-il pas que l'école nationale, devenue atelier national, continuât à vêtir, à secourir les combattants?

Les vacances de 1916 semblent avoir revêtu un caractère à peu près semblable, mais quelques différences s'accusent.

Sans doute, institutrices, instituteurs qui, après un labeur intense, pouvaient profiter de huit semaines de congé, ont consacré à la réfection de leurs forces un peu du temps qui leur avait été justement accordé. Il en est qui sont allés de la ville aux champs, à la station thermale, mais la grande majorité, après avoir pris quelques jours de nécessaires loisirs, n'ont pas cru devoir, à une heure de crise, quand un immense effort est demandé à toutes les classes de la Nation, abandonner l'École, la Cité, le quartier populeux où les attachent leurs fonctions. Ils n'ont pas voulu se distinguer des travailleurs qui, dans les usines, continuent à peiner pour procurer aux soldats munitions de guerre, munitions de santé, de bien-être. Ils auraient cru démériter s'ils avaient distrait de leur temps même très peu au delà de ce qui était indispensable pour reprendre haleine, en vue de fournir une course nouvelle, utile aux filles, aux fils de leurs concitoyens

Leur devoir rempli envers eux-mêmes, — et qui était devoir pour se mettre à même d'accomplir plus sûrement leur tâche ; — promptement, ils sont revenus, nombreux, pour payer leur dette morale et civique. Comme le bon soldat qui est envoyé au dépôt après le combat et s'y retrempe vivement pour la lutte, ils ont abrégé leur temps de congé et ont repris la direction des Œuvres de guerre où, dans des milliers de communes, s'est affirmée leur maîtrise désintéressée.

Les vacances de 1916, après une quinzaine de jours consacrés à la cure d'air, nécessaire à la femme, à l'homme d'école qui vivent dans l'atmosphère viciée de classes surpeuplées, ont été consacrées, en outre, à de nouveaux services de l'arrière. Combien d'instituteurs ont aidé à la récolte, à la vendange! Combien ont dirigé des équipes d'enfants coopérant au travail agricole! Combien d'institutrice ont repris l'aiguille à tricoter, confectionnant le bas de laine qui sera utile pour l'automne, et peut-être encore pour l'hiver qui vient!

Mais qu'importent les fatigues! Pendant les vacances de 1916, institutrices, instituteurs, ont senti passer, pour les encourager, les soutenir, comme un souffle d'espérance. A mesure qu'elles se déroulaient, ils ont acquis la certitude rationnelle de la Victoire, et autour d'eux répandu la foi qui les animait. Sentant que la fin de l'horrible drame approche, les plus éprouvés eux-mêmes, ceux qui ont été atteints dans de chères affections et qui pouvaient être découragés, reprenaient avec plus d'ardeur l'œuvre commune et trouvaient une âpre consolation à consoler autrui.

Et pendant que les femmes et que les aînés accomplissent leur mission à l'intérieur, avec quelle noblesse, quelle générosité de cœur, les jeunes combattent, font, en août et en septembre, moisson de gloire, savent vaincre et mourir!

LA PATRIE DANS L'ÉCOLE

L'image de la guerre remplace chaque jour davantage, sur les murs de l'école, les classiques tableaux d'histoire naturelle, de calcul, même d'histoire. Car il n'y a qu'une histoire qui compte aux yeux des petits, qui les passionne, et tienne captive leur attention, c'est l'histoire qui s'écrit, en lettres de gloire et de sang, à la frontière. Celle-là tient au cœur des filles et des fils, des sœurs et des frères, car elle est burinée par les pères et par les aînés de la famille qui déjà, depuis de longs mois, sont partis pour défendre le sol natal.

On fait grâce aux tableaux de géographie, car la guerre est mondiale et l'on se plaît à suivre sur la carte les opérations des armées. Même jamais on n'apprit avec tant d'ardeur les noms, hier encore inconnus, qu'une manœuvre militaire rend célèbres.

Les yeux, les doigts des écolières, des écoliers et aussi de leurs parents, car l'école devient, aux heures d'épreuves et d'angoisses, la maison commune, suivent le cours du Vardar, du Niémen, du Dniéper, du Tigre et de l'Euphrate, comme celui de l'Yser ou celui de la Meuse. La terminologie la plus hirsute, la plus rébarbative, qui trouvait hier les mémoires réfractaires, devient aisée et familière. On regarde, on touche, on retient la ligne en couleur près de laquelle vit l'absent.

L'image qui triomphe sur la muraille, qui s'y étale et reluit en belle place, c'est le portrait militaire. Les généraux de la guerre, et Joffre, et de Castelnau, et Galliéni, et French, et Foch, et Pétain qui vient de les rejoindre dans la renommée, sont en pleine et constante faveur. Des vues de tranchées, des scènes de vie au camp, des croquis de cuirassés, d'avions, de canons monstres, empruntés tant aux illustrés qu'aux quotidiens, remplacent les images qui disaient la paix. Où est Parmentier, ou Franklin, ou Bernard Palissy, ou Pasteur?... Victor Hugo lui-même est un peu délaissé, qui a pourtant chanté l'*Année Terrible* en des vers dont la Muse contemporaine n'a pas retrouvé la vigueur vengeresse. Corneille, Molière, ne sont pas plus que lui sur la cimaise.

Je note d'autres images très réclamées, très admirées. On ne saurait croire combien les affiches sur l'Emprunt National sont goûtées et combien on sait gré à M. Ribot d'en avoir doté les écoles. La vogue est à Naudin, à Faivre et à Poulbot. Les promoteurs de la patriotique société qui a pris pour titre : *Souvenez-vous :* MM. Jean Richepin, Edmond Benoît-Lévy, Escudier, qui ne veulent pas que l'on oublie les crimes allemands, ont pleine satisfaction.

Les vues de ruines abondent. C'est Ypres, et sa halle écroulée sous les obus; c'est Arras et son beffroi effondré et son admirable place espagnole ravagée; c'est Reims, dont la cathédrale dresse au ciel ses tours insultées et troublées. Émouvantes visions qui jamais ne s'effaceront des regards et des cœurs.

Je revois en pensée une grande école où pour perpétuer plus sûrement les souvenirs vengeurs, pour mieux accentuer le vandalisme de la barbarie soi-disant civilisée, l'on a placé, sur les parvis de l'entrée, la silhouette des édifices en ruines vis-à-vis du monument tel qu'il se dressait dans sa majestueuse beauté. L'antithèse a quelque chose de tragique et de poignant. Elle laissera une empreinte ineffaçable.

C'est ce que l'on voit sur les murs de l'école. L'image s'ajuste aux péripéties du drame qui secoue le monde. Et il est probable que le livre suivra l'image.

L'on aura, au lendemain de la guerre, des Recueils de morceaux choisis, des Livres de lecture courante, résumant la grande guerre et où la gravure soulignera la patriotique inspiration du texte. Et de plus en plus, la Patrie inspirera l'École, vivra dans l'École.

HOMMES NOUVEAUX

Je connais un jeune instituteur dont « l'état d'âme », — comme on disait encore hier, c'est-à-dire, il y a longtemps, — résume assez bien la pensée collective des éducateurs. Avant la guerre, il se complaisait au maniement d'une prose un peu solennelle, un peu apprêtée, qu'on employait dans les réunions ou pédagogiques, ou « corporatives », ou politiques, et qu'il avait su s'assimiler avec adresse.

Je l'ai revu pendant la guerre. J'ai causé avec lui. J'ai lu quelques-unes des lettres adressées à ses amis de « l'arrière ». Il a pris le pli, le langage des camps avec une rapide aisance. Il a l'air de la maison, de la tranchée plutôt, l'esprit, les sentiments du milieu épique où il fait figure de héros, simplement, modestement. Il a relégué bien loin la grande éloquence des mots qui le cède à l'éloquence des faits.

Il m'écrivait récemment : « Je criais, comme tant d'autres : Guerre à la guerre. Je dis maintenant : Guerre à la paix qui ne serait qu'une paix et non la vraie paix, la paix définitive, la paix dans la victoire ». Et encore : « Nous sommes deux millions d'assassins et qui sommes fiers de l'être ».

Il était parti, plein d'enthousiasme et de foi, fleurs au canon du fusil, chant de la *Marseillaise* aux lèvres. Certes, il croyait que la guerre serait dure, mais loyale, conforme aux règles prescrites par le droit des gens. Il a vu les horreurs et les atrocités déchaînées par la barbarie scientifique. Il a évolué. La bonté native a fait place en lui à la colère, à la haine, à la passion de la vengeance.

Je l'ai vu, il y a quelques jours, sur un lit d'hôpital. Il se remet et vite et bien de sa seconde blessure. Il est lieutenant et décoré. De cet enseignant, la guerre, par un brusque réveil d'atavisme, a fait un vrai soldat. Son langage est pittoresque à souhait. Il répète : « Nous les aurons ». Il dit, en parlant de Verdun : « On est un peu là ». Il invoque « Rosalie ». L'argot lui est familier, qu'il combattait à l'école et qui l'a entraîné à combattre.

Je pensais, après l'avoir entendu conter avec modestie l'exploit qui lui avait valu la croix : « Celui-là ne nous reviendra pas. Il va préférer l'armée à l'école. Et, comme je risquais une timide question au sujet de ses intentions « d'après guerre », vite il me répondit : « Dès le lendemain de la paix, si mon étoile me protège jusqu'au bout, je reprendrai ma classe. Mes élèves ne m'ont pas oublié, ni leurs parents. Voyez les lettres qu'ils m'adressent. Et je vis en pensée avec eux. Je compte redevenir instituteur, — et instructeur aussi, ce qui me permettra de satisfaire à ma double vocation, et d'aider pratiquement les générations nouvelles à se souvenir ».

ÉCOLE-ATELIER NATIONAL

L'école nationale devient de plus en plus, depuis le début de la guerre, un atelier national. Institutrices, écolières y « travaillent pour le soldat ». Et les orphelins, les réfugiés, les filleuls, les prisonniers ne sont pas oubliés.

Atelier qui est tout fiévreux d'activité et où l'on ignore la grève. Nulle contestation sur les salaires. Un million de petites ouvrières se surmènent gratuitement, avec un entrain joyeux, heureuses et fières de contribuer à la défense du pays, en défendant la santé des combattants contre le froid, la pluie ou bien l'ardeur du soleil.

Dans villes et villages, au cours de mes tournées, j'ai vu fonctionner « l'autre usine » qui fabrique, elle aussi, les munitions nécessaires. Jamais, depuis vingt mois, l'effort ne s'est ralenti.

C'est par milliers que vêtements et sous-vêtements, que gants, cache-nez, passe-montagne ont été envoyés sur le front ou bien dans les camps d'Allemagne. A peine une misère est-elle signalée, aussitôt, je l'ai pu constater, elle est soulagée.

Et que d'ingéniosité, quelles trouvailles charmantes dans les lettres qui accompagnent le don et qui en rehaussent le prix, tant elles apportent de réconfort et d'amitié!

Les envois se font, à l'heure actuelle méthodiquement, avec une ponctuelle régularité, et sont composés avec un art savant, sur les indications mêmes des destinataires.

Mais au début l'on tâtonna. Que fallait-il expédier qui convînt précisément aux intéressés? Que faire d'utile, et au moment opportun?

La première entrée d'hiver fut médiocrement réussie. Il y eut comme une surprise. Et puis, pensait-on à une guerre de tranchées? Mais, vite, l'atelier se ressaisit. Il travailla double et la saison ne fut pas manquée. L'ardeur à l'ouvrage fut telle que les fournitures gratuites abondèrent, sur lesquelles nul impôt ne sera prélevé, à moins que l'on ne taxe le bénéfice moral qu'ont réalisé ouvrières et « petites mains » à faire œuvre de solidarité nationale.

Maintenant, comme dans les grands magasins, les dévouées éducatrices qui tiennent les « rayons de nouveauté » préparent, dès l'hiver, les effets de printemps et d'été et mettent en réserve des stocks importants qu'elles montrent au visiteur.

L'atelier, à la fin de 1914, passa par une crise qui désola fort des milliers de vaillantes et de dévouées. La laine fit défaut. Elle atteignit des prix effarants. On n'était riche que de bonne volonté dans les milieux populaires. On fit des quêtes qui permirent de s'approvisionner quelque peu, mais trop peu au gré des travailleuses. Que faire? Fallait-il limiter la production à une heure où les besoins augmentaient? Quelle déconvenue ! La réduire à un demi-chômage, quand toutes, et les grandes et les petites, avaient appris à tricoter, — car, avant la guerre, l'art de manier les longues aiguilles était ignoré, laissé aux grand'mères.

Mais les écoles de garçons furent averties. Elles vinrent en aide aux tricoteuses qui aidaient les poilus. Les écoliers qui, eux, ne pouvaient que faire leurs devoirs et apprendre leurs leçons, quêtèrent aussi, s'imposèrent mille petites privations, et, de leurs pièces blanches, contribuèrent à l'achat de la précieuse laine. De plus œuvres locales et générales, et aussi l'Intendance, fournirent des écheveaux, les écolières fournissant la main-d'œuvre.

Même le cercle s'est élargi. L'école-atelier, exerçant son action sur les mères, sur les sœurs des élèves, a comme essaimé.

L'ÉCOLE PRÈS DU FRONT

L'École, au son du canon, continue à fonctionner, non loin de la zone dangereuse.

Ce n'est pas seulement à Reims qu'instituteurs, institutrices, écolières, écoliers, munis d'un masque, se terrent dans les caves et poursuivent le travail scolaire, au fond du sol crayeux.

L'École du jour demeure ouverte tout près du front,

de Dunkerque à Saint-Dié, et chacun, enseignants et enfants, demeure à son poste, bravement.

Tout récemment un inspecteur d'Académie qui exerce ses fonctions dans une ville souvent visitée par les taubes, me disait : « Les instituteurs que l'âge a éloignés des combats, les institutrices, même les jeunes, les débutantes, bravent le péril comme à l'envi! On ne saura jamais assez de quel courage, de quel sang-froid ils font preuve. Ils dirigent la classe résolument jusqu'à ce qu'il soit démontré que la tenue de l'école met en danger les enfants. A X..., il y a quelques jours, ordre a été donné par l'autorité militaire de faire évacuer les écoles, car le « marmitage » devenait sérieux. Un instituteur n'a-t-il pas proposé, et sans bluff, posément, gravement, d'installer l'école dans une tranchée, où, à l'abri des taubes, la séance eût continué? » Et l'on a failli avoir l'école dans la tranchée, comme on l'a à Reims dans les caves?

Parfois l'école a lieu aux champs — et c'est vraiment l'école de plein air.

Dans le Pas-de-Calais, notamment, et sans que la fréquentation scolaire en souffre, deux après-midis par semaine, dont le jeudi, écolières, écoliers échardonnent blés et avoines, sarclent betteraves et féverolles. On ne prend qu'une séance sur les quatre règles et la grammaire. Et quelle vivante et profitable leçon de choses reçoit l'enfant!

Fillettes et garçons s'emploient chez eux et chez les voisins, pratiquent l'entr'aide agricole — après avoir pratiqué l'entr'aide mutualiste.

L'inspecteur primaire de Saint-Pol m'écrivait

récemment : « *Toutes* nos terres sont cultivées, et ce n'est pas un spectacle banal de voir, entre nos dirigeables et le front, au milieu des tranchées qui courent partout, dans les réseaux de fil de fer barbelés, paysans, femmes et jeunes filles, labourer, herser, rouler, comme indifférents à ce qui se passe à quelques kilomètres d'eux. Il n'est pas rare qu'un obus passe au-dessus de leur tête ou que des fillettes ne ramènent pas — et pour cause — toutes les vaches qu'elles gardaient. Admirables campagnards ! »

Et l'école où écolières, écoliers travaillent le reste du temps avec d'autant plus de profit qu'ils se sont transformés en agriculteurs pendant quelques heures, l'école n'est presque jamais fermée, même après la sortie de la classe. Elle s'ouvre très souvent aux troupes qui cantonnent.

Les poilus y viennent écrire à leurs familles, à leurs payses. Ils empruntent des livres à la Bibliothèque scolaire et s'instruisent, surtout se récréent. L'école est pour eux, très souvent, le vrai « Foyer du soldat », la Maison d'amitié, qui fait bon accueil à ceux qu'elle a élevés et qui, certes, ont su lui faire honneur.

LES MUTILÉS DE L'ÉCOLE

Les écoles de mutilés se multiplient. J'en ai vu de différents modèles à Lyon, à Marseille, Nîmes, Clermont-Ferrand. Les grands blessés y sont étudiants. On leur enseigne une profession, s'éloignant souvent beaucoup du métier où ils s'étaient spécialisés avant la guerre.

Les instituteurs, les professeurs mutilés n'ont pas eu par bonheur à changer de voie pour poursuivre leur chemin dans la vie. Ils sont un peu, ces intellectuels, comme le philosophe ancien, qui pouvait dire : « Je porte tout mon bien avec moi. » Ils ont conservé le bagage dont ils étaient munis, et la perte d'une jambe ou bien d'un bras ne les oblige pas à s'aiguiller dans des directions nouvelles.

Certains des professeurs et des instituteurs à qui j'avais fait visite dans les hôpitaux et que j'avais vus si vaillants dans l'épreuve, supportant la souffrance avec tant de courage, je les ai retrouvés dans leur chaire, dans leur classe, et, là encore, pleins d'ardeur à l'ouvrage.

Même — et c'est justice, c'est la récompense de leur attitude héroïque — ils ont acquis une sorte de prestige et d'auréole, mérités par leur martyre. La diminution de l'être physique s'efface en eux dans l'accroissement de l'être moral, de l'influence rayonnante émanant de leur corps qui fut, qui parfois demeure douloureux.

L'on dit qu'au lendemain de la guerre il faudra empêcher la jeunesse d'oublier le drame qui ensanglante l'humanité. Ce ne sont pas ces maîtres, ces blessés glorieux, qui laisseront s'éteindre dans le cœur des générations nouvelles la flamme du souvenir.

Ils se sont vite remis à la tâche. Sans doute, dans les tranchées, loin des livres, loin de l'étude sérieuse et calme, ils ont perdu un peu de leur savoir. Mais la revision est tôt faite, et la mise au point. Et la séance continue que la terrible secousse avait interrompue.

J'en revois un dont le bras retombe inerte, dont la

main a été trouée de balles. Il vient d'arriver. C'est un sergent. Il professe en son costume de chasseur à pied, la croix de guerre, la médaille militaire sur la poitrine. Nulle affectation dans son maintien. Nulle recherche de l'effet. Demain il reprendra ses vêtements civils. Mais ses citations à l'ordre du jour qui attestent un double exploit sont connues des élèves. Et ce modeste, qui semble ignorer l'éclat de sa conduite, demain comme aujourd'hui exercera une action profonde sur l'enfance et sur l'adolescence.

Car, aux connaissances spéciales et professionnelles, qu'ils se sont vite assimilées de nouveau, les Mutilés de l'École ajoutent quelque chose, et mieux. Ils représentent, ces frères aînés, qui enseignent les lettres ou bien les sciences, comme la personnification de l'Histoire, debout et en marche. Ils sont la Patrie vivante.

LES INSTITUTEURS ET LES MUTILÉS

Les Écoles de rééducation pour les mutilés deviennent chaque jour plus nombreuses. Lyon a donné l'exemple. Une vingtaine de villes le suivent déjà.

Mais les Écoles sont coûteuses. Tous les grands blessés n'y peuvent être admis.

Que faire pour eux avant qu'ils y entrent, ou bien pour suppléer aux études professionnelles que, faute de ressources, on ne peut mettre à leur portée partout où il le faudrait?

C'est encore à Lyon, qui, depuis le début de la

guerre, est devenu la terre d'élection pour toutes les innovations heureuses et pratiques, que, tout récemment, j'ai pu voir comment on pouvait, en marge des écoles spéciales, rendre service aux blessés qui veulent s'aider.

Lyon a deux grandes Écoles pour les mutilés. Mais 250 d'entre eux y sont reçus.

La Société d'Enseignement professionnel du Rhône, dont on connait la forte organisation, a ouvert, d'accord avec l'autorité militaire et avec le « maire social » de Lyon, M. Édouard Herriot, des cours gratuits quotidiens, destinés aux soldats blessés ou amputés, en subsistance dans les formations sanitaires.

Les Cours comportent divers enseignements : comptabilité, écriture, sténographie et dactylographie, grammaire et calcul, anglais, italien et espagnol, mathématiques, mécanique, dessin industriel, coupe pour les tailleurs, coupe pour la chaussure, menuiserie, ajustage. On ne les organise que s'ils réunissent environ vingt élèves.

On a adopté ce que nous ne cessons de réclamer depuis vingt ans pour les adolescents : l'horaire de jour. Ils ont lieu entre six heures et sept heures et demie du soir.

Il va de soi qu'un registre de présence est signé, et l'on m'a montré le carnet qui est visé par le professeur à chaque leçon et qui sert au contrôle dans chaque formation.

J'ai assisté, au milieu de février, à deux des vingt cours qui sont ouverts : comptabilité, mécanique élémentaire.

J'ai trouvé, s'appliquant avec ardeur à la besogne, une élite de soldats-étudiants qui veulent, dans un travail nouveau, se trouver un gagne-pain. Ce sont des zouaves, des alpins, des artilleurs, soldats, caporaux ou sergents, qui, malgré la gêne causée par de graves blessures : fractures de l'humérus, absence d'une main, absence d'un bras, s'acharnent à triompher de l'obstacle. L'énergie dont ils ont fait preuve sur le champ de bataille et qu'attestent médailles militaires et croix de guerre, ils la concentrent dans l'attention passionnée qu'ils portent à la leçon de leurs maîtres, dont l'un les initie à la tenue du Grand Livre, l'autre à la mesure d'un terrain. Les professeurs se louent fort devant moi des élèves que la communauté d'infortune a réunis sur les bancs des cours improvisés. On me fait voir un cahier d'écriture dont les caractères ont été très lisiblement tracés par un blessé qui n'a plus de main gauche et qui, de sa main droite, n'a conservé que deux doigts : le pouce et l'auriculaire. Il écrit en faisant un mouvement du bras comme s'il donnait des coups de stylet et il a acquis une étonnante habileté.

La Société d'Enseignement professionnel du Rhône a inscrit 1.323 blessés à ses cours. Les leçons les plus suivies sont celles d'anglais : 147 élèves ; de comptabilité : 147 également ; de grammaire et de calcul : 109 ; de dessin industriel : 94.

A côté de professeurs spéciaux que fournissent l'École de La Martinière et l'École Centrale lyonnaise, les instituteurs ont revendiqué leur part de collaboration. Quatre d'entre eux font des cours d'enseignement général. Je causais avec l'un deux, M. Bador, président de la Fédération lyonnaise des Associations d'Anciens Élèves, qui professe la grammaire. Il a été fort surpris, et très agréablement, un jour qu'il expliquait un texte aux blessés, d'entendre l'un deux lui dire : « Monsieur, ne pourriez-vous pas nous faire un peu d'analyse grammaticale? » Le maître était tout heureux qu'on lui demandât ce qu'il n'aurait osé proposer.

J'ai emporté de cette visite aux Cours pour mutilés, où j'avais pour guide l'actif et dévoué président de la Société, M. Guéneau, un souvenir à la fois émouvant et réconfortant. J'ai vu de jeunes hommes qui ne s'accommodaient pas de la paresse et de l'inaction où d'autres ne répugnent pas à s'enfoncer quand ils séjournent aux hôpitaux. J'ai vu des vaillants qui mettaient leur amour-propre à lutter contre leurs infirmités et qui, demain, dans la vie civile, auront dignité et fierté. Nulle plainte, nulle récrimination. Ils s'attristent même sur leurs maux moins que ne le font en leur cœur ceux qui leur rendent visite. Ils se sentent diminués certes, mais ils ont le juste orgueil de leurs blessures. Et n'ont-ils pas conservé la vie qu'ils sauront bien remplir?

ÉCOLIERS ET PRISONNIERS

La guerre aura transformé plus d'un paradoxe en réalité. L'enfant devient, lui, si faible, une petite puissance qui prend sous sa protection, grâce à l'union des faiblesses et des forces que scelle l'école, les orphelins, les petits Belges, les petits Serbes. Il s'ingénie, par la vertu de l'association, à leur trouver des ressources. Il s'impose des sacrifices pour leur venir en aide et il donne un démenti au fabuliste par ses gestes qui ne sont pas « sans pitié ».

Même les petits aident les grands. De toutes menues fillettes, des garçons hauts comme une botte sont parrains ou bien marraines de poilus.

De plus, ces enfantelets se haussent à l'adoption de prisonniers.

Je connais de nombreuses écoles qui ont adopté des instituteurs prisonniers appartenant à des régions envahies. L'infortune a été aussitôt secourue que connue.

On me signale à Versailles une école, celle de la rue Carnot, qui pratique l'adoption des prisonniers, avec méthode et avec suite. Chacune des neuf classes a pris à sa charge un soldat en captivité. D'octobre 1915 à fin janvier 1916, 36 colis de 5 kilos chacun sont partis pour les camps de détresse.

Qu'y met-on? des vêtements, des objets de toilette, des vivres et surtout du pain, des boîtes de conserves, de confitures, de café, de thé, du tabac, des jeux.

Les enfants versent de l'argent. Mais ils aiment apporter, le jour où l'on fait le « paquet du prisonnier », des dons en nature. Les fillettes gâtent leur prisonnier. Leur attachement pour ce soldat inconnu qu'elles savent malheureux les pousse à des actes de bonté gentiment ingénue et touchante. Elles lui prêtent leurs goûts. Une petite employait récemment le sou donné par la maman à acheter des bonbons « comme elle les aime » et comme elle est sûre qu'il les aime.

La Caisse du prisonnier fournit matière à un enseignement inépuisable. C'est une vivante leçon de choses toujours renouvelée par de petites privations volontaires, par d'intelligentes initiatives. C'est le moyen de fournir la preuve que le cœur de l'enfant participe plus qu'on ne l'imagine à l'angoisse de l'heure présente.

Un témoin doublé d'un acteur m'informe que l'acte généreux accompli par les écolières de la rue Carnot n'est pas isolé. Dans un grand nombre d'écoles de Seine-et-Oise, l'on s'est attaché à prendre pour « filleuls » des prisonniers qui avaient besoin de pain, là-bas, dans les geôles allemandes.

D'une lettre qu'il m'adresse, j'extrais ces quelques lignes :

« Et les Écoles maternelles ne restent pas en dehors de ce grand mouvement de compassion! Les tout petits eux-mêmes sentent confusément ce que les termes de « prisonniers, de prison » impliquent de souffrances; leur sympathie va d'instinct vers les plus malheureux d'entre les plus malheureux de cette affreuse guerre. Les Écoles maternelles de Poissy, du Vésinet, de Versailles, etc., ont leur « filleul » et ce n'est pas sans émotion que l'on voit les « bébés » arriver à l'École en serrant bien fort dans leurs petites menottes le « sou », les noix, la pomme, ou la petite tablette de chocolat dont ils font le sacrifice, héroïque parfois, au prisonnier lointain. »

Le Secours qui est régulier, constant, est assuré dans un certain nombre d'Écoles par une entente avec le « service du pain pour prisonniers » qui fonctionne à Berne. Moyennant 6 francs par mois l'abonnement permet d'adresser du pain frais aux prisonniers d'Allemagne, à raison de 12 kilos par mois, par envoi bi-hebdomadaire de 1 kilo. Mais pourquoi ne chargerais-je pas de conclure quelqu'un qui voit de près le magnifique effort fourni par les écoles de Seine-et-Oise : « La participation au Secours des prisonniers n'est qu'une des formes de l'activité scolaire. Il est presque impossible de dénombrer toutes les modalités d'assistance, d'exprimer l'ingéniosité des initiatives généreuses des Écoles, de leur activité bienfaisante, continue, modeste, anonyme. Après l'héroïsme de nos combattants, je ne sais rien de plus réconfortant. »

POUR DEMAIN

On me montre, dans une grande École très peuplée, où depuis longtemps la Mutualité est en honneur, et où, depuis le début de la guerre, comme dans toutes les Écoles de filles, on « travaille pour le soldat », de hautes piles de chaussettes, de chandails, de passe-montagnes. L'institutrice qui me guide me dit : « Ceci est pour le régiment qui a tenu garnison en ville et qui est sur le front. » — « Ceci est pour les hôpitaux. » — Ceci pour les petits Serbes qui sont attendus et qui vont être hospitalisés au lycée. » — « Et ceci encore pour les Dépôts d'Éclopés dont s'occupe Mme Jules Ferry. »

J'avise un tas, discrètement dissimulé, qui se compose de vêtements remis à neuf que ne sauraient utiliser les soldats :

— Et ces effets, à qui les destinez-vous?

— C'est la réserve. Elle grossit chaque jour, grâce à la coopération des parents et des enfants, grâce à des dons. C'est le stock qui restera en magasin, pour la direction voulue, jusqu'à l'heure voulue.

— Mais que conspirez-vous en secret? De quelle heure s'agit-il?

— L'heure où les départements envahis seront dégagés. Là, toute une enfance qui a souffert du froid, de la faim, attend dans les écoles la libération qui doit lui apporter secours et réconfort. Ne faut-il pas se préparer pour que toutes ces petites victimes de la guerre puissent, l'instant venu, connaître vite un peu de ce bien-être dont elles ont été si longtemps privées. Il faudra les chausser, les vêtir et aussi les suralimenter. Nous réunissons d'avance, et le nécessaire et un peu de superflu. C'est un acte de fraternité que fillettes et garçons accomplissent de grand cœur. Ni les « petites mains » ni les petits sous ne manquent. On videra le fond des armoires et des tirelires pour ceux de là-bas. Et aux vêtements on compte bien ajouter provisions, fortifiants et aussi douceurs. J'ai un abri pour les gâteries que déjà l'on me confie.

Les petites écolières de X... sont des prévoyantes, très heureusement inspirées, et qui, avec méthode, s'apprêtent à rendre un important service. La solidarité n'est pas pour elles un vain mot. Après l'avoir pratiquée entre elles, elles en élargissent les bienfaits, les étendent à leurs frères et à leurs sœurs des pays martyrs.

Et je songe, en les quittant, que si une semblable forme de Mutualité fonctionnait dans de nombreuses Écoles de France, — *la Mutualité du Secours Scolaire après la guerre*, — bien des misères seraient soulagées, bien des santés rétablies, des larmes séchées.

Mais je suis bien convaincu que l'exemple sera suivi un peu partout. Au jour de la délivrance, les petits écoliers du Nord et de l'Est apprendront avec reconnaissance que les écoliers, par leur épargne, les écolières, par leur travail, ont pensé, agi pour eux, fraternellement.

La *Mutualité du Secours Scolaire après la guerre* complétera l'œuvre réparatrice entreprise par l'*Entr'aide Mutualiste*, qui déjà tient en réserve près de 400.000 francs.

LES JOURNÉES DE L'ÉCOLE

L'École a eu ses journées qui sont les journées de la solidarité nationale : journée du 75, journée serbe, journée des éprouvés de la guerre, journée des orphelins, etc., et elle a clos l'an 1916 par la populaire journée serbe.

L'École, pour réaliser la mobilisation des petits sous, a été mobilisée. Au village comme à la ville, elle a fourni des légions de quêteuses, de quêteurs volontaires qui, pour le soldat, ont mendié résolument.

On ne saurait croire avec quel sérieux de conviction, quelle fierté, une élite de fillettes et de garçons, soigneusement choisis dans chaque classe, a préparé le succès, avec quel fiévreux élan elle a livré et gagné la pacifique bataille engagée contre l'indifférence, contre la lassitude,

La semaine qui précède l'offensive, un plan d'enveloppement stratégique est arrêté par institutrices, instituteurs. Les rôles sont distribués, les postes d'attaque désignés, les derniers conseils donnés.

Le matin du dimanche fixé pour l'assaut, et qui n'est généralement pas le beau dimanche ensoleillé, entrevu dans les rêves, le rassemblement a lieu à l'école. Les écolières ont mis leur robe la plus seyante, les écoliers leur vêtement le plus neuf. Les cartes d'identité dûment estampillées, les brassards, les insignes sont remis aux porteuses et aux porteurs de troncs ou bien de coussins tricolores, où sont piqués emblèmes, médailles, et où s'entassent les cartes postales.

C'est avec ardeur, avec une patiente ingéniosité, que la chasse est donnée aux passants. Chaque équipe, emportée par l'émulation, veut que le contenu de sa boîte à surprises, soigneusement cadenassée et cachetée, fasse un plus gros tas, le soir, que celui des voisins.

C'est la journée des débrouillards, qui savent faire preuve d'une agile et preste activité, sauter ou bien tourner l'obstacle. Regardez-les à l'œuvre. Ce sont des tacticiens subtils. Comme ils s'affirment observateurs ! Ils savent d'avance à qui, dans un groupe, ils doivent s'adresser, pour entraîner l'adhésion de tous les porte-monnaie. Selon la tournure, le costume, la physionomie, ils présentent l'article qui, dans leur étalage ambulant, devra opérer une irrésistible séduction. Essuient-ils un échec ? Ils répondent par un sourire, par une révérence ou bien une pirouette qui font revenir bien des gens sur leurs pas et sur leur refus. Là aussi il faut le rien qui souvent est le tout, et la grâce amusante, et la manière.

Il est telle de ces gamines, tel de ces bonhommes qui ont des trouvailles de mots charmants, d'une adorable drôlerie, et qui improvisent l'art d'arracher honnêtement sous et pièces blanches aux passants les plus boutonnés.

N'en ai-je pas entendu un qui disait à une dame tenant un enfant par la main : « Madame, pour que votre mari revienne ! » Mais la personne revêche et grincheuse : « Je n'ai pas de mari ! » — « Eh bien, Mademoiselle, pour que vous en ayez un. » Elle rit, désarmée, et délie les cordons de sa bourse. Au paletot d'un monsieur, l'enfant terrible accroche une croix en papier tout reluisant. Le monsieur prend l'air furieux et grommelle : « Quelle audace ! Il me décore, ce moutard! Sais-tu si j'ai mérité de l'être ? » — « Payez, Monsieur, et vous serez considéré », réplique le bonhomme qui reçoit aussitôt une belle pièce blanche pour sa boutade. L intrépide vendeur embotte le pas derrière un quidam qu'il harcèle de ses : « Pour les poilus, Monsieur, pour les poilus », en secouant la tirelire lourde de sous et qui rend un son énervant : « Mais il m'assomme, ce gosse », s'écrie le promeneur persécuté, qui s'attire cette foudroyante réplique: « C'est vrai, Monsieur, je suis assommant; mais les poilus vous ont empêché d'être assommé. » Ce qui lui vaut, non une rebuffade, mais un achat copieux. Passe un plaisant qui refuse tout brimborion en disant: « Je n'achète qu'aux demoiselles ou bien aux dames ». — « Achetez tout de même, Monsieur, je suis féministe ». Et le moucheron... féministe fut écouté !

C'est avec ces mots, avec cette gentillesse d'esprit, que Gavroche écolier — car il va à l'école maintenant — fait les belles recettes, les belles journées.

ORGANISONS L'AUTRE USINE

L'École, avant la guerre, recevait vêtements et chaussures de la Caisse des écoles ou bien du Bureau de bienfaisance. Depuis la guerre, sans que d'ailleurs l'enfance malheureuse ait à en pâtir, elle devient Caisse, Bureau de bienfaisance militaire.

Si, depuis un an et demi, j'ai vu, comme d'ordinaire, livres et cahiers, j'ai dû passer, en outre, une inspection continue des chandails et des chaussettes dont l'École nationale, ou plutôt l'usine nationale et scolaire, approvisionne l'armée.

Comment se refuser, la classe finie, à suivre la directrice — qui, tout en écoutant la leçon du professeur, de l'institutrice, tricotait furieusement — dans la pièce que l'une d'elles appelait récemment devant moi : les magasins. Car toute école est doublée d'une salle pleine de marchandises où s'étalent, en bel ordre, les objets d'habillement les plus divers. On se croirait dans la réserve d'un grand établissement aux multiples rayons. Mais nulle étiquette sur les cache-nez, sur les gants, les caleçons, les peaux de lapin, les souliers. Nulle indication de prix avec 5 centimes de diminution sur le franc. On donne tout ici gratis et pas demain. Les quêtes, les offrandes ont fourni la matière première ; les maîtresses, les élèves, la main-d'œuvre.

Dans une première période, on a beaucoup envoyé aux Œuvres qui se chargeaient de faire la distribution entre les différents corps de troupes.

Depuis quelque temps, je remarque qu'on envoie soi-même aux ouvriers, c'est-à-dire aux soldats. L'École a une tendance à travailler pour les siens, qu'elle sait reconnaître. Elle tricote pour les frères, les pères des fillettes, des garçons qui la fréquentent, et les colis arrivent sûrement, directement à une adresse utile. Il est probable que, jusqu'à la fin de la guerre, pour ses paquets d'hiver et d'été, l'École s'en tiendra à un mode de répartition pratique et précise qu'à l'user elle juge excellent.

Non qu'il faille n'agir que chez soi et pour soi d'une façon absolue. Il est des Écoles riches, des Écoles déshéritées, des régions fortunées et d'autres qui sont dépourvues de ressources. Il faut leur faire leur part en faisant la part des Œuvres qui, sérieusement administrées, savent vraiment où doit porter l'effort de la solidarité.

Mais surtout l'École pourra rendre service en se concertant avec les Comités des départements envahis, — entre autres avec ceux des Ardennes, du Nord, qui ont été institués à Paris. Il conviendra de s'entendre avec eux, et pour la durée de la guerre, et pour son lendemain, qui sera si douloureux. Il faudra, entre tous les objets produits par le travail collectif, faire choix pour eux du meilleur et du plus beau. C'est le lot réservé et sacré.

C'est la dette d'affection et d'équité dont doit s'acquitter l'enfance qui n'a pas souffert, envers les infortunés, soldats ou bien civils, que l'invasion empêche de revoir la terre natale, de recevoir la parole de réconfort, le secours matériel dont leur corps et leur âme ont faim. Ceux-là, l'autre usine, l'École-Atelier, doit les adopter. Elle pratique la bienfaisance. Il faut qu'elle l'organise d'après un plan méthodique et sûr.

LES ENSEIGNANTS RÉFUGIÉS

Professeurs, institutrices, instituteurs du Nord et de l'Est, chassés de leur foyer par l'invasion, ont sollicité, en grand nombre, l'obtention de postes pour « servir », eux aussi, pendant la guerre. Combien en ai-je rencontré qui avaient échangé le Lycée, l'École, dont ils avaient été brusquement séparés, contre une autre École, un autre Lycée, du Centre, du Midi, où ils continuaient à enseigner l'enfance ou bien l'adolescence !

Certes, le déchirement avait été cruel. Il avait fallu quitter le pays natal ou bien la « petite patrie » d'adoption, la maison aimée. Souvent l'on avait été arraché par la brutalité de la guerre à des êtres chers qui n'avaient pu s'enfuir et dont on était sans nouvelles. Certains étaient partis au moment des tragiques vacances, ou bien sur l'ordre de l'autorité militaire, et n'avaient pas été suivis à temps d'une mère, d'une sœur. D'autres avaient appris par des rapatriés la mort de parents dont ils n'avaient pu fermer les yeux.

Et tous, aux angoisses patriotiques que toute Française, que tout Français éprouve, ajoutent le sentiment d'indicible tristesse que leur causent l'occupation, la vision des scènes d'horreur qu'ils savent s'être déroulées dans les malheureuses cités des Flandres et de Lorraine.

La plupart du temps, ces déracinés sont comme exilés dans un enseignement nouveau qu'il est nécessaire d'explorer. Il fallait, pour combler les vides creusés par la mobilisation, improviser les intérims, un peu au hasard de la rencontre. Cette directrice d'École normale, je l'ai trouvée professeur d'histoire dans un Lycée de garçons. Ce professeur de langues vivantes dans une École primaire supérieure s'est transformé en professeur de lettres françaises ; ce directeur d'une importante École primaire est devenu adjoint dans une École de Paris.

Mais ne les croyez pas découragés. N'allez pas supposer qu'ils prennent des attitudes dolentes, qu'ils se posent en victimes et veuillent exciter la pitié.

Ces enseignants du Nord et de l'Est formaient, aux années de paix, une élite, pliée au labeur parmi les populations laborieuses. Ils instruisaient des promotions nombreuses qu'ils savaient discipliner. Tous se sont vite adaptés au milieu, souvent si étrange pour eux, où ils avaient été comme jetés.

Partout ils se sont montrés fermes et vaillants dans l'épreuve, partout ils ont prêché la confiance, dit la parole d'espérance et de réconfort. Ils ont été l'exemple vivant du devoir fièrement revendiqué. Ils ont refoulé au fond d'eux-mêmes lassitude, amertume. Ils se sont attachés à inspirer une foi robuste dans la victoire finale.

Je sais une femme professeur dont la petite maison a été pillée, le mobilier, qui représentait dix ans d'épargne et de travail, emporté en Allemagne, et qui ne songe pas même à la possibilité de recevoir après la guerre une indemnité pour les dommages qu'elle a subis : « Qu'on me rende mon École, me disait-elle, qu'on me rende mes élèves. La joie de les revoir suffira à me faire oublier la perte d'argent. » Et, avec entrain, elle enlève sa besogne, dirige, avec quelle ardeur, quelle « jolie vaillance à la française », une classe d'adolescents qui bientôt seront au front.

POUR LES ENSEIGNANTS PRISONNIERS

Avoir un ami qui soit professeur et qui, universitaire de cœur, n'ait pas nourri autrefois de guerriers et sanglants desseins; voir ce paisible et doux maître se transformer promptement en officier d'un réel mérite; apprendre qu'il s'est héroïquement battu, qu'il est devenu capitaine mitrailleur, que, laissé à demi-mort sur un champ de bataille, où les gaz asphyxiants avaient fait leur œuvre, il a été emmené par les Allemands en captivité, que, depuis plus d'un an il est prisonnier et s'ennuie profondément dans une inaction forcée ; recevoir, par voie indirecte, la demande de livres spéciaux dont il a besoin pour entreprendre un travail, tout cela qui serait peu ordinaire en un autre temps, est naturel et presque banal à l'heure étrange où nous vivons.

Mais que mon professeur mitrailleur m'indique lui-même par quelle voie il faut lui expédier les documents qu'il désire consulter, — en l'espèce, il s'agit de l'éternelle question de l'apprentissage, — c'est ce qui est plus original, et c'est ce qui est.

Et ce qui est, fait honneur à qui l'a pensé, voulu, réalisé.

Un groupe d'éducateurs appartenant aux trois ordres d'enseignement a compris de quel spleen, de quelle fièvre déprimante étaient consumés des hommes dont l'intelligence demeure sans aliment pendant les longues heures de loisir qu'impose la captivité. Il a estimé qu'il fallait s'ingénier à combattre le mal d'ennui dont souffraient les professeurs, les instituteurs prisonniers. Il a fondé une Œuvre spéciale pour l'envoi de livres, de brochures, de documents d'étude aux Universitaires emprisonnés dans les camps d'Allemagne.

C'est en août 1915 que l'Œuvre est née, qui apporte une aide intellectuelle aux captifs. Elle est mise en rapport avec ceux qui désirent demander au travail intellectuel un peu d'apaisement et de réconfort. Elle leur adresse sur demande les ouvrages scientifiques et littéraires qui peuvent leur être utiles pour continuer leurs études spéciales, ou bien pour enseigner leurs camarades, soit illettrés, soit désireux de fortifier et d'étendre leur savoir.

L'Œuvre a sollicité des dons d'ouvrages. Elle en a acheté. C'est une bibliothèque toujours en mouvement, dont les rayons aussitôt garnis se vident.

Mais où est-elle ? A Lausanne, ville d'Œuvres françaises. Elle est présidée par M. le professeur Maillard dont l'active bonté s'emploie tout entière à assurer le rayonnement de cet admirable Office.

Les instituteurs primaires de Lausanne et du canton de Vaud ont formé une Section spéciale pour apporter le secours du Livre à leurs collègues français prisonniers. Et, en quelques mois, 10.000 volumes ont été expédiés vers les camps d'Allemagne.

On ne commente pas des actes empreints d'une générosité qui va droit au cœur. On admire, on remercie et l'on se promet de ne pas oublier.

PATRIOTIQUE HOMMAGE

On se demande parfois par quels actes, par quelles manifestations, il conviendrait d'honorer les grands blessés, les mutilés de la guerre, pour leur faire oublier un peu leurs souffrances et leur montrer quels sentiments d'affectueuse admiration on éprouve pour eux. On tient à leur donner la preuve qu'ils ne se sont pas dévoués pour des égoïstes et des indifférents, et l'on tâche à découvrir des formes ingénieuses et touchantes exprimant la sincérité de la gratitude générale.

Parmi les gestes que l'on s'ingénie à réaliser, il en est peu d'aussi émouvant que celui dont le sous-préfet et le maire de Corbeil, M. Boudouard, ont pris l'initiative, dans une école primaire, l'école J. Bourgoin. Il n'est pas de remise de médaille militaire, pas de prise d'armes, qui aient plus profondément remué le cœur des assistants que cette modeste cérémonie civile qui s'est déroulée, le 23 septembre, dans la cour de l'école, devant le sous-préfet, le conseil municipal, l'inspecteur primaire, une délégation d'officiers, les institutrices, les instituteurs de la ville, la

« Petite A », les délégués cantonaux, les jeunes filles de l'école Galignani.

On fêtait ce jour-là un événement que la patriotique cité, ardent foyer intellectuel, jugeait digne, et avec raison, d'être célébré publiquement : la rentrée en fonctions de M. Tavoillot, instituteur, sous-lieutenant réformé, amputé d'une jambe, décoré de la Légion d'honneur et de la Croix de guerre, qui est « la vaillance et l'honneur » de l'école, vraie pépinière de héros, comme le sous-lieutenant Huteau, le sous-lieutenant Pouchaudon, le sergent André, les sergents Fourment et Normand, etc.

Devant les élèves, les élus de la cité, les familles, les enseignants, M. Boudouard, maire, prononça un discours qui est un éloquent hommage rendu à la bravoure de Tavoillot et de ses collègues. Il lut la citation à l'ordre de l'armée, qu'a méritée, le 14 mai 1915, M. Tavoillot :

« M. Tavoillot (Albert), sous-lieutenant de réserve au 349e régiment d'infanterie, jeune officier de réserve, intelligent, zélé et plein d'entrain, ayant donné toute satisfaction à ses chefs depuis le début de la campagne ; le 20 avril 1915, apprenant qu'un de ses hommes venait d'être atteint dans la tranchée par une bombe allemande, s'est immédiatement porté à son secours et a été lui-même si grièvement blessé par une deuxième bombe tombée au même endroit qu'il a dû être amputé de la cuisse. »

« Le sous-lieutenant Tavoillot aura droit à la Croix de guerre avec palme. »

Signé : JOFFRE.

Après avoir décerné à M. Tavoillot les éloges qui lui étaient justement dus, M. Boudouard fit leur part aux autres combattants, aux maîtres, aux anciens élèves, et dressa comme un tableau d'honneur de l'école primaire publique Bourgoin. Se tournant vers les institutrices, il leur dit :

« Maîtres et élèves ont communié dans un même amour de la patrie : nous devons les confondre dans un même sentiment d'admiration et de respect.

« Mesdames les institutrices, Messieurs les instituteurs, vous avez le droit d'être fiers de vos collègues qui, par leur conduite, ont consacré définitivement l'enseignement de la morale tel qu'il est donné dans les écoles publiques de France : c'était la plus belle réponse qui pouvait être donnée à ses détracteurs. Continuez votre œuvre, Mesdames et Messieurs, elle vous sera d'autant plus facile que reviennent déjà dans nos écoles les glorieux mutilés dont la présence parmi vous sera l'exemple vivant du devoir envers la patrie, notre grande famille à tous, et que seront inscrits sur les murs, en lettres d'or, les noms de ceux qui auront fait le sacrifice de leur vie. »

M. Boudouard dégagea, pour les enfants, l'enseignement que comportait la journée :

« Mes chers enfants,

« Gardez de cette cérémonie tout intime, dont nous avons voulu que le cadre soit la cour même dans laquelle vous prenez vos ébats, un souvenir ineffaçable. Qu'il reste gravé dans votre esprit, et que vos pensées se tournent maintenant vers vos papas, vers vos grands frères, vers tous ceux qui luttent pour la Défense de notre indépendance et de nos libertés.

« Envoyons-leur à tous l'expression de notre reconnaissance et crions-leur notre indéfectible confiance en la victoire des armées alliées.

« Mais rappelez-vous toujours que si ceux qui vous sont chers se battent avec tant de courage et d'héroïsme, c'est aussi pour vous, les tout petits. C'est pour vous éviter le retour des horreurs et des deuils de la cruelle guerre qui a été voulue par nos ennemis d'Outre-Rhin, c'est pour vous préparer une paix durable qui vous permettra plus tard de vivre en toute sécurité, de travailler à la prospérité économique du pays, de maintenir la France au premier rang des nations civilisées. »

Vive la France ! Vive la République !

D'autres orateurs se firent entendre, et l'Inspecteur primaire de Corbeil, M. Villain, qui évoqua le souvenir, lui aussi, des maîtres et des anciens élèves, et le sous-préfet qui mit en vif relief le caractère réconfortant de la patriotique réunion, et le directeur de l'école, M. Duval, qui remercia avec émotion les amis de l'école qui donnaient à l'enfance une inoubliable leçon de civisme !

Et l'on se sépara après que les élèves du cours complémentaire eurent fait entendre la *Marseillaise* et les hymnes des Alliés. Puis la classe commença et M. Tavoillot, personnification de la patrie, reprit simplement et modestement la leçon interrompue.

DE LA TRANCHÉE A L'ÉCOLE

Les listes d'instituteurs morts à l'ennemi s'allongent. En outre, nombre d'enseignants qui ont conquis des grades et qui, encore trop jeunes pour avoir fait leurs preuves comme éducateurs, seraient demain des quasi-débutants, s'ils professaient, préféreront à l'École le Régiment où ils sont mieux rétribués et où ils peuvent espérer un prompt avancement. La vocation est née en eux pour le métier des armes.

Et comme le recrutement des Écoles Normales sera, d'autre part, contrarié par la concurrence que lui feront le commerce, l'industrie, offrant des situations bien et vite rémunérées aux adolescents quelque peu instruits, l'enseignement primaire passera forcément par une crise qui, à la longue, s'apaisera, mais ne laissera pas, pendant quelque temps, d'offrir un caractère de sérieuse acuité.

On s'efforce par des moyens ingénieux, sinon de conjurer le mal, mais au moins de l'atténuer quelque peu.

A Saint-Étienne, à Bordeaux, à Limoges et dans quelques autres centres, des éducateurs ont réalisé une pensée très pratique, et, de plus, empreinte d'humanité. Ils ont ouvert une section de préparation au Brevet élémentaire pour les mutilés de la guerre que tentent les fonctions enseignantes.

Il en est parmi eux que l'on ne peut rééduquer physiquement et qui demeureront inaptes à manier des outils, à s'enfermer dans des ateliers. Naguère ils ont poussé leurs études assez loin et, parfois, ont dû les interrompre pour prendre un métier manuel. Ils savent assez d'orthographe, de calcul, pour conquérir vite le diplôme libérateur qui leur donnera, dans l'école, un gagne-pain.

Ils se mettent à l'ouvrage et l'on s'y met avec eux, vite et utilement. Des professeurs, des instituteurs se sont groupés, qui les forment par des méthodes d'autant plus rapides que les adultes, désireux de reprendre des fonctions actives, travaillent avec plus d'assiduité et de succès. Étudiants volontaires, ils font preuve vraiment de volonté, et bientôt feront honneur à leurs maîtres volontaires. Pour aider ceux qui s'aident, on leur offrira, dans des conditions à déterminer, quelques places disponibles dans les Écoles Normales qui pourront disposer d'un crédit, ainsi qu'en a décidé M. Lapie, directeur de l'enseignement primaire.

Le bénéfice de l'innovation est double. Le mutilé trouve son compte matériellement à entrer dans une carrière qui lui permettra de faire œuvre utile. Au lieu de se sentir diminué, il grandira dans sa propre estime et dans celle de ses concitoyens; car la profession d'instituteur, déjà noble en soi avant la guerre, s'est imposée à la reconnaissance de tous depuis que tant de jeunes maîtres se sont conduits avec un sublime héroïsme.

Et l'École gagnera à recevoir ces nouveaux éducateurs qui l'honoreront et qui recevront des enfants et des familles un accueil où le respect se mêlera à l'affection, car ils auront été de ceux qui ont sauvé la patrie.

Double gain? Triple même. Car il ne faut pas oublier la grande joie éprouvée par les instituteurs et par les professeurs qui ont revendiqué le devoir de former leurs collègues de demain et qui ont inauguré cet inattendu, ce douloureux, mais nécessaire et patriotique cours d'adultes.

MODESTIE

Le courage revêt mille formes et aussi le dévouement, dans cette guerre scientifique et barbare où le mal comme le bien s'exaspère et dépasse la mesure ordinaire.

L'héroïsme militaire qui s'affirme sur le front est sublime. Mais l'héroïsme de médecins dans les ambulances exposées au bombardement, d'administrateurs s'obstinant au travail dans des postes de péril, de blessés donnant l'exemple d'une stoïque énergie sur la table d'opération, font également honneur à l'homme.

« Il nous faut des héros », s'écriait Carlyle, épris d'idéal. S'il eût vécu, il eût été impuissant à célébrer les traits de bravoure, ou guerrière, ou civique dont s'illumine l'époque actuelle.

Et combien sont ignorés, parce qu'à l'esprit de sacrifice, au don de soi, au culte de la Patrie, s'ajoute une vertu, qu'on croyait disparue, étouffée par l'intérêt et la vanité et qui, sauvée par le devoir, fleurit à nouveau parmi les hommes : la discrète et douce modestie.

Je sais un prisonnier qui, depuis dix-huit mois,

dans un camp d'Allemagne, aide par sa foi vaillante, simplement et sûrement, ses camarades d'infortune à supporter leur sort avec une courageuse patience. C'est un Universitaire, un Inspecteur primaire. Je ne le nommerai pas, car, au retour de captivité, il ne me pardonnerait pas de l'avoir désigné.

Depuis qu'il a été emmené au fin fond de la Poméranie, il a été choisi comme sous-officier interprète. Il réconforte ses camarades, organise des cours, des séances sportives, use de l'influence qu'il a acquise, grâce à la possession de la langue allemande, pour adoucir leurs maux. Combien de jeunes soldats lui doivent d'avoir échappé au découragement! A combien d'entre eux, molestés, brutalisés, n'a-t-il pas fait rendre justice? Des grands blessés, qui sont en Suisse, l'ont dit. Et un probant hommage d'estime lui a été rendu, par un prêtre étranger qui, après avoir fait une visite au camp, a pratiqué au retour l'Union sacrée.

Le sergent-inspecteur a été pris par les Allemands parce qu'il a été ramassé sur le champ de bataille où il gisait, frappé de deux coups de feu aux jambes. Il pouvait obtenir la Croix de guerre, car il avait fait bravement son devoir. Elle est accordée aux prisonniers blessés sur la demande de leurs ayants droit : pèr[illegible]re, femme, sur certificat relatant les faits de la journée où l'engagement a eu lieu et où le prisonnier s'est distingué.

Les démarches allaient être faites. On l'en informe par lettre en date du 5 juin 1916. Voici la réponse reçue de lui vingt jours après : « Je ne vois pas l'utilité de donner suite au projet dont tu m'entretiens.

Dans la journée du 25 septembre 1914, région Lihons, Rozières et Chaulnes où je fus blessé, je n'ai pas fait grand chose. Je suis tombé dans la matinée, et là, couché dans le pré, je n'ai pas été plus exposé que mes camarades. J'ai fait, comme agent de liaison, seul une partie du chemin qu'ils ont fait en troupe; par conséquent, eux étaient bien certainement plus exposés que moi. Et c'est tout! Il n'y a vraiment pas de quoi en parler. Je comprends qu'on accorde une récompense à celui qui, étant blessé, a continué à assurer son service; mais, moi, je ne le pouvais pas, mes blessures aux deux jambes rendaient la chose impossible. Je n'avais qu'une chose à faire, attendre la nuit et essayer de trouver des secours. Mais les Allemands sont arrivés pour m'en empêcher.

« En comparaison de ce qu'endurent les poilus de Verdun, ce que nous avons fait est bien peu de chose; nous en avons la preuve tous les jours. Il est donc inutile d'en parler davantage, crois-le bien! »

Oui, décidément, la Modestie n'est pas morte. Elle n'est pas enterrée comme dans les Manuels de morale.

Il est vrai que, dans les mêmes Manuels, on affirme qu'une hirondelle ne fait pas le printemps et un juste la justice.

LA MUSE A L'ÉCOLE

La Muse c'est Mlle Pauline Plan, institutrice adjointe dans une école primaire, à Marseille, et Sœur aînée.

Sœur aînée? Que vient faire ce détail de famille?

Voici. Il s'agit de la famille scolaire. Vous ne comprenez pas? J'éclaire ma lanterne.

Vous saurez donc que la Petite A de jeunes filles fondée entre les anciennes élèves de l'école primaire supérieure Edgar-Quinet, au pays phocéen, a pour titre : les *Sœurs aînées*. Depuis le début de la guerre, elle entoure d'une aide effective : réfugiés, évacués, rapatriés, blessés, prisonniers, filleuls. Les bienfaits que les Sœurs aînées ont répandus dans un quartier populeux, les services que, par envoi de colis et paquets, elles ont rendus aux soldats du Nord et de l'Est, puis à ceux des Dardanelles, et qu'elles rendent à ceux de Salonique, mériteraient une mention spéciale dans une étude sur la bienfaisance et l'assistance scolaire pendant la guerre.

Et la Muse? Et Mlle Plan? Mlle Plan qui est la Muse des Sœurs aînées, car elle est ancienne élève de l'école, possède vraiment le don de poésie. Elle a de l'art et du naturel, de la grâce et de la force, un rayonnant enthousiasme. D'abord elle a chanté les monts, les sites, la mer de Provence et aussi l'école. Je connais d'elle une poésie intitulée : « *Le banc des petits sommeille* », valant par la sincérité du ton, le doux bercement de la forme, le fameux « *Cher petit oreiller*, etc. » qui a rendu populaire le nom de Desbordes-Valmore.

Mais la guerre a éclaté qui a fait secousse sur son esprit. Et Mlle Plan, la Sœur aînée, a dédié à ses cadettes des poèmes d'où la strophe s'envole frémissante, disant la pitié, la colère, mêlant la douceur à l'indignation.

J'avais regretté naguère que les vers de Mlle Plan

fussent enfouis dans le bulletin d'une Petite A. Les Sœurs aînées viennent d'en extraire quelques-uns et de les éditer en un petit volume qui a pour titre : *Cri d'amour*[1]. Vous devinez qu'elles l'ont fait pour que la vente soutînt une des Œuvres qu'a entreprises l'association. Il s'agit de venir en aide aux Orphelins avant que les formalités de secours légal soient remplies.

Les Sœurs aînées, depuis plus d'un an, ont eu la délicate attention de leur fournir les vêtements de deuil que tant d'entre eux ne pourraient se procurer. Elles ont ouvert un vestiaire spécial et taillent, cousent, dans le drap noir et dans le crêpe. A la fin de mai, 1.290 pauvres petits ont été vêtus dont le père est mort pour la patrie. Ils ont reçu 9.000 pièces de vêtements.

La Muse, pour eux, devient l'auxiliaire de la charité. Pour eux, le Cri d'amour retentit. Comment ne serait-il pas entendu?

N'est-il pas émouvant, le « Tendre appel » qui ouvre la série des poèmes, des sonnets, des chants, dont plusieurs ont été mis en musique par M. Landréat, inspecteur primaire à Marseille et qui sont dédiés à Mme Collombel, directrice de l'école Edgar-Quinet? En voici le début et la fin :

O France! mère en pleurs qui console les mères,
Et protège les orphelins,
O ma Patrie! ô toi, dont les gestes sont pleins
De tendresse durant ces minutes amères.

1. En vente à l'École Edgar-Quinet, Marseille. Franco, 1 fr. 10.

Viens ici! toi! qu'il faut déjà vêtir de noir...
Toi! dont le père est mort pour la sainte Espérance,
Viens! nos mains te feront plus émouvante à voir,
Pauvre jeunesse en deuil, deux fois chère à la France!

Combien de poésies seraient à citer dans le recueil : *Près des Combats,* — *Réveil glorieux,* — *Mère douloureuse,* — *Lettre du front en classe,* — *Aux morts restés là-haut.*

Que de « morceaux » on y pourrait choisir pour des récitations, ou publiques, ou scolaires!

LES GYMNASTES AU FRONT

Les jeunes gymnastes que j'avais vus, en avril 1914, évoluant en bel ordre sur les pelouses, lors de la Fête Fédérale, à Rennes, sont, depuis la guerre, à la peine et à l'honneur. Ils forment une élite encadrant les recrues. Ils ont conquis grades, décorations, et avec eux, Charles Cazalet, le président de l'Union des Sociétés de gymnastique de France, qui vient d'être l'objet d'une glorieuse citation à l'ordre du jour dont ses collaborateurs ont droit d'être fiers et de se réjouir.

Depuis le début de la guerre, on ne saurait croire de quelle activité l'Union a fait preuve. Elle a adressé un appel aux instructeurs que l'âge éloignait de la lutte et elle a continué à répandre le goût de la culture physique parmi les promotions, rangées prématurément sous les drapeaux. Fidèle à ses principes, elle ne les initie pas au maniement des armes qui s'apprend vite au régiment. D'ailleurs, les sociétés de préparation militaire y pourvoient. L'Union demeure attachée à la doctrine de Chanzy qui, en 1882, disait aux gymnastes : « Faites-nous des hommes. Nous en ferons des soldats. » Il est vrai que depuis Chanzy la science de la guerre a évolué.

Le rôle que l'Union joue au front, son moniteur officiel : le *Gymnaste* en témoigne.

La première liste des instructeurs mobilisés dans les 1.700 sociétés qu'elle groupe, compte dix-huit pages de texte serré, et l'énumération s'allonge de mois en mois des « camarades » morts pour la patrie ou bien blessés au champ d'honneur.

Les instructeurs font leur devoir dans la tranchée et dans les corps à corps où leur souplesse et leur vigueur font merveille. Et quand ils sont au repos, ils s'ingénient pour refaire leurs muscles. J'ai sous les yeux deux photographies, dont l'une représente un gymnaste s'exerçant sur des barres parallèles, improvisées avec des brancards de machines agricoles, l'autre, un virtuose tournant autour d'une barre fixe, montée avec l'arbre d'une roue de transmission empruntée à une batteuse. Les tendeurs sont des câbles métalliques trouvés dans des puits. Le sous-lieutenant qui a pris ces clichés à cinq cents mètres des Boches, les envoie « pour montrer, écrit-il, que, même dans les moments difficiles, les enfants de l'Union savent prouver que l'éducation physique est une école de volonté ».

L'Union s'occupe des sociétaires qui ont été faits prisonniers. Elle leur expédie vêtements, remèdes, conserves, biscuits, cigarettes, et aussi, car plusieurs veulent se perfectionner dans l'art de la gymnastique, des manuels, des séries de mouvements. Elle a fait éditer une vignette reproduisant *La Jeunesse* de Chapu, que l'on vend au bénéfice des prisonniers. Elle a fait adopter ceux d'entre eux qui appartiennent aux régions euvahies. L'état d'esprit demeure robuste dans les corps robustes des captifs. Leur correspondance en fait foi.Des billets et des cartes qui affluent à l'Union, je détache ces lignes qui suivent un remerciement : « Plusieurs fois par semaine, je fais, avec des camarades, un peu de gymnastique ; ils reconnaissent ses bienfaits, et ils sont presque tous envieux de faire, au retour, donner des leçons à leurs enfants, afin de les rendre plus souples et de développer les muscles. J'espère que ma propagande portera ses fruits. Espérons que cela ne sera plus de longue durée, que nous recommencerons l'œuvre si belle et si grande du développement des jeunes. »

Il va de soi que l'Union n'oublie pas les camarades qui combattent. Et elle a fait construire des appareils de bains-douches pratiques, résistants, qui leur rendent de grands services. Un médecin-major en célèbre les bienfaits avec enthousiasme : « Joie et délassement sont procurés « aux poilus » revenant des tranchées et, dans cette eau chaude abondante et vivifiante, vient se retremper l'énergie indomptable de notre race. »

Il ajoute : « Ces ablutions présentent, au point de vue sanitaire, de nombreux avantages. Sur une peau propre, les blessures par armes à feu et armes blanches s'infecteront moins et deviendraient ainsi beaucoup moins dangereuses. Les maladies qui causent dans chaque guerre plus de pertes que le feu de l'ennemi, se trouveront certainement enrayées, car personne n'ignore que les germes pathogènes vivent sur les téguments et se transmettent ainsi de proche en proche, notamment la méningite cérébro-spinale, la diphtérie, la fièvre typhoïde et toutes les autres maladies épidémiques.

« Quant aux acarisses (gale) et pédiculoses (poux), variées du temps de guerre, elles seront rapidement guéries par l'action de l'eau chaude. »

Ce sont humbles détails, mais ils ont leur importance, dans une guerre aussi longue où l'homme doit lutter non seulement contre l'homme, mais contre la vermine et la maladie. Et toutes les femmes de France seront reconnaissantes à l'Union des Sociétés de gymnastique d'avoir eu la pensée de procurer un peu de bien-être, de réconfort physique aux soldats. L'hygiène corporelle ne contribue-t-elle pas d'ailleurs à l'hygiène morale?

LES ÉCOLIERS PARISIENS ET LA GUERRE

La guerre a produit sur les enfants une profonde et inoubliable impression. Ils n'en ont vu d'abord que les aspects brillants. Ils ont assisté au départ des troupes, suivi les régiments, salué le drapeau. Puis à la période de fièvre et d'enthousiasme, aux visions qui avaient quelque chose de théâtral, ont succédé des scènes de tristesse que l'écolière, que l'écolier enferment au profond de leur cœur : passage de blessés, de rapatriés, de réfugiés, brusque annonce de deuils qui ont fait pleurer les sœurs et les mères.

Ce que pensent une fillette, un garçon, nés Parisiens, des spectacles si divers, souvent si douloureux que la guerre déroule sous leurs yeux, leurs devoirs quotidiens, leurs modestes petits écrits le font connaître pleinement et franchement.

Mais, il va de soi qu'il faut prendre des précautions vis-à-vis de la prose enfantine et s'assurer qu'elle ne doit rien à la collaboration.

On a publié dans journaux et revues des copies où l'opinion des « dix ans », des « douze ans » était affirmée. Mais parfois, lettres, narrations, comptes rendus étaient de tenue vraiment trop correcte pour qu'on n'eût pas l'arrière-pensée que les œuvres des jeunes auteurs avaient été quelque peu revues et corrigées.

Mais tout récemment, M. Lacabe-Plasteig, inspecteur de l'enseignement primaire, qui remplit l'intérim de la direction pour le département de la Seine, a eu la très heureuse pensée de publier, à titre documentaire, un devoir d'élève, donné sans retouche et sous le nom du rédacteur, un écolier de douze ans, Henri-Léon Marillier, élève de la rue du Faubourg-Saint-Honoré.

Le sujet à traiter était : « Depuis dix-huit mois, en raison de la guerre, notre existence a été certainement modifiée. Racontez les divers changements qui se sont produits dans votre existence, autour de vous, dans votre famille, à l'école, dans la vie générale de Paris, la rue, les promenades publiques, etc. »

Combien l'enfant sait observer, comme il comprend la physionomie des êtres et des choses, comme il pénètre les intentions, quelques courtes citations permettent de le saisir sur le vif. Il voit. Il peint. Il rend les plus légères nuances de sentiment. Il se réjouit et il souffre. Ce petit homme fait déjà de son cœur, partie de la cité. Il s'associe à la vie de la patrie. Cet écolier parisien trace, en 1916, et de façon exacte, le tableau de sa ville natale en temps de guerre. On sent qu'il a reçu le coup au cœur, qu'il éprouve toute l'émotion des événements tragiques qui se déroulent aux frontières et à l'arrière.

Voyez comme il décrit son école, le milieu où il vit : « A l'école, nous nous apercevons de la guerre mieux que nulle part ailleurs : les réfugiés belges et français y sont très nombreux et rien n'est plus touchant que de voir ces pauvres gens privés des objets et même quelques-uns des êtres qu'ils aimaient tant. Un de nos petits camarades est désormais, et pour toujours, séparé de son père, un des multiples héros obscurs, qui sont morts pour la France... Nos dictées, nos rédactions, ont toutes un rapport plus ou moins direct avec la guerre. Nos maîtres nous citent chaque jour une pensée héroïque ayant trait également à la guerre. J'ai quitté le 31 juillet 1914 une école (rue Hamelin) que je suis fier d'avoir fréquentée; trois instituteurs qui m'ont fait la classe ont versé leur sang pour la France. C'est une des plus belles leçons de patriotisme que l'on puisse donner aux élèves ».

Le devoir qui s'impose à tous, riches et pauvres, le petit écolier le comprend et le fait comprendre : « Les changements occasionnés par la guerre existent, non seulement dans les familles, mais dans l'aspect général du pays. Un peu partout on a changé son train de vie, les riches ont su, dès le début, faire la part du pauvre et sans regret ont laissé les réceptions, bals, spectacles. De plus, s'il y a quelques réunions tout intimes, on s'occupe de confectionner des vêtements pour les réfugiés ou pour les pauvres blessés ; il y a tant de détresse à soulager.

« Chez le modeste employé, chez l'ouvrier même, on a compris qu'il fallait prendre sa part des charges occasionnées par la guerre et l'on a su se priver de bien des petites choses pour en faire profiter de plus malheureux. Chacun comprend la gravité de son devoir et prétend l'accomplir en entier. »

Quelle dette de reconnaissance l'enfance a contractée vis-à-vis des combattants, cet enfant de douze ans la proclame, veut la payer et veut qu'on la paye.

« Nos superbes avenues ne voient plus les élégants cavaliers et les gentilles amazones. Les unes ont revêtu la blouse blanche de l'infirmière, les autres ont endossé crânement l'uniforme et sont revenus blessés dans ce Paris qu'ils aiment tant. En voyant les joyeux ébats des bambins, ces glorieux blessés ont l'air de se dire : « Si ces enfants jouent là tranquillement, c'est grâce à nous ». Les enfants sentent qu'ils ont une dette de reconnaissance à payer à leurs braves défenseurs, et il est vraiment touchant de les voir saluer de leurs mignonnes mains ces hommes rudes, sur la figure desquels se dessine un sourire empreint d'une tendresse infinie ».

Devoir d'enfant précoce, exceptionnellement doué, direz-vous. Non, devoir de bon écolier qui ressemble à beaucoup d'autres travaux inspirés par la guerre et qu'il convient de recueillir pour en former un cahier de choses vues qui sera d'autant plus intéressant que les petits rédacteurs et témoins se seront trouvés plus près du front.

J'ai eu sous les yeux, au cours de mes tournées, toute une série de narrations où des enfants exilés du Nord, de l'Est, envoyés en Allemagne, puis rapatriés par la Suisse, ont conté leur triste odyssée. Des traits exacts, des aperçus pittoresques, des observations de détail donnent du prix à leurs douloureux récits.

Dans l'Anthologie d'après-guerre, à côté de lettres d'instituteurs, il y aura lieu de placer quelques pages d'écoliers qui prouveront combien le sentiment patriotique a été excité par la guerre chez tout les débutants de la vie qui, subitement, ont été mis en face d'une horrible tragédie et qui, grâce à l'école, ont si souvent, au logis maternel, apporté un peu de consolation et de réconfort. De la confiance qu'avaient su faire entrer en eux, leurs éducateurs et qu'ils exprimaient dans leurs paroles et dans leurs petits travaux scolaires, fut souvent faite la confiance qui dans la famille soutint les courages malgré les deuils, et permit de tenir jusqu'au bout.

LES EXAMENS ET LA GUERRE

On se rappelle la page émouvante que le savant historien Guébhardt avait consacrée au dernier examen du baccalauréat, passé par les lycéens de Strasbourg en août 1870. Elle fait revivre une heure d'angoisse. Elle montre avec quelle bonté le jury conféra les diplômes à ceux qui, le lendemain, allaient combattre l'envahisseur.

Dans combien de villes de facultés, depuis le début de la grande guerre, n'a-t-on pas éprouvé mêmes sentiments qu'à Strasbourg! De quelle indulgence n'a-t-on pas fait preuve, même dans des centres éloignés de la frontière, quand ceux des nouvelles classes, à la veille de partir pour le régiment, se présentent aux examens, concourent pour la conquête d'un diplôme! Comment se montrerait-on sévère envers des candidats qui échangeront bientôt la plume contre le fusil et à qui l'on donnera peut-être une dernière joie, car la mort les attend dans la bataille?

Les examens de 1914-15-16 n'auront pas été hérissés de difficultés. Même il est des concours en 1914 où parfois l'écrit a dispensé de l'oral. Point n'était besoin qu'on usât de lettres insinuantes et enveloppantes pour attendrir les juges. Et pourtant la recommandation, qui tend à devenir une institution nationale, a continué à sévir. Aimable et douce hier, elle est devenue presque impérative. Elle a tiré un merveilleux parti des circonstances. Cette fillette ne pouvait être refusée. Elle était la sœur d'un héros. Ce jeune homme était signalé comme fils d'un soldat mort au champ d'honneur. L'on supposait, sans doute, que les examinateurs avaient un cœur de pierre et que, souvent frappés eux-mêmes dans leurs plus chères affections, ils étaient insensibles à la douleur d'autrui. J'en sais plus d'un qu'ont, sinon irrité, du moins peiné, des interventions qui n'avaient nul besoin de se produire, car elles étaient devancées par les intentions d'hommes qui étaient des juges certes, mais aussi des pères, et qui avaient souffert.

Les examens ont été commandés, et profondément, par le drame sanglant dont tous, jeunes et vieux, nous sommes et les témoins et les acteurs. Ils en ont subi l'influence et la pénétration au point que les sujets de composition, les textes à traduire, ont puisé dans la guerre leur inspiration. Rédactions, lettres, versions ont eu en elle leur « centre d'intérêt » comme on dit dans l'école. Même au brevet élémentaire des jeunes filles, les dictées ont été empruntées à la littérature militaire qui inscrit des pages de gloire au *Bulletin des Armées*. D'humbles mais nobles lettres de « poilus » ont eu l'honneur de figurer à côté des chefs-d'œuvre classiques.

Le Certificat d'études primaires lui-même, a été « sujet à ses lois ». La génération des Petits Poulbot a enlevé, comme au pas de charge, un diplôme à demi-guerrier.

La raison des choix faits par les jurys ne relève pas uniquement du désir qu'ils auraient de se plier à l'actualité. M. Lacabe, inspecteur primaire remplissant les fonctions de directeur, explique dans le *Bulletin de la Seine* à quelle pensée l'on a obéi : « L'examen du certificat d'études, écrit-il, n'est pas pour les élèves, à la veille la plupart de quitter l'école, une épreuve uniquement. Il leur est aussi une leçon, leçon solennelle, en ces jours tragiques surtout, de nature à laisser une empreinte durable sur les âmes. »... « A l'image des enseignements de l'école, l'examen s'est imprégné de la pensée du pays. »

LES PETITES AMICALES ET LA GUERRE

Plus de 4.000 Petites Amicales, — familièrement nommées A, — groupaient avant la Guerre les Anciens Élèves autour des Écoles primaires. Que font-elles depuis août 1914?

Elles ont interrompu fêtes, concerts, excursions.

Elles fournissent au front des armées les plus ardentes, les plus courageuses recrues de la gloire. Elles mettent en ligne pour une large part, après l'avoir préparée au combat, la conscription de la Grande Armée.

Mais qu'on se garde de croire que toute vie sociale soit suspendue dans les Petites Amicales de l'École.

Le temps des réjouissances est passé. Toute l'activité des aînés que l'âge ou la maladie éloigne de la bataille, est tendue soit vers l'aide, soit vers le souvenir.

Les Bulletins commencent à reparaître qui disent avec quelle fièvre d'émotion, avec quel désir passionné de servir ceux qui servent la Patrie, avec quelle ferveur de reconnaissance et de piété attendrie pour les jeunes héros tombés au Champ d'honneur, les aînés travaillent.

Les Comités tiennent séance, allouent des secours, envoient des paquets utilement garnis aux prisonniers, publient les affectations militaires des absents, des nouvelles, des extraits de lettres, des promotions, des citations et aussi des notices sur les Morts glorieux.

Ce sont Pages de guerre où l'on sent passer comme

un souffle d'enthousiasme et de solidarité sincère que ces feuilles, remplies il y a deux ans de convocations, appels, comptes rendus de réunions sportives, de représentations, et où s'affirmait toute la joie de la paix.

Je viens de lire le dernier Bulletin de l'Amicale fondée, il y a plus d'un demi-siècle, par les Anciens Élèves de Turgot, la vaillante École Municipale. J'y vois que le président, M. Albert Lévy, propose d'élever, dans la grande cour, un monument dédié aux Morts de la Guerre, et que M. Lesueur, membre du Comité, introduit un projet qui lie deux souvenirs : celui de 1914 et celui de 1870, car les deux générations, celle qui a été vaincue et celle qui vaincra, ont également mérité d'être à l'honneur, ayant également bien mérité de la Patrie.

Et, en même temps, l'Association amicale publie, pour être offerte aux élèves de l'École, une plaquette reproduisant les distinctions honorifiques, les citations individuelles dont les Anciens Élèves, qui font honneur à l'École et à Paris, ont été l'objet depuis août 1914 jusqu'à juin 1916

Le titre de la brochure est : « *Les Turgotins au feu. Comment ils se battent.* »

Là se trouvent rappelées les quatre croix de la Légion d'honneur, les dix médailles militaires et 99 citations individuelles attestant, en des termes dont la concision rehausse la grandeur, les faits d'armes accomplis par la vaillance des combattants. Encore la liste est incomplète et elle s'allongera d'ici la fin de la guerre pour l'édition définitive.

Le Comité, désireux de rendre justice à tous les

camarades méritants, adresse un appel à tous ses adhérents pour qu'ils l'aident à compléter le dénombrement dont tous ont le droit d'être fiers :

« C'est souvent un ami, c'est parfois une fiancée qui nous apporte ce témoignage des grands chefs de l'Armée pour quelqu'un des nôtres.

Il en est certainement beaucoup d'autres que nous ignorons encore : il faut que nos camarades, bons soldats de France, mais trop modestes, sachent bien que l'honneur de leur conduite ne leur appartient pas en propre.

Ils en doivent compte à l'Association et à l'École qui ont le droit de se réjouir et de s'enorgueillir de les posséder. »

Et le Comité conclut son appel en indiquant dans quelle pensée il a publié la plaquette commémorative. Il l'a dédiée aux jeunes qui sont sur les bancs de l'École et qui, en la lisant, parcourront la gamme de tous les dévouements et de tous les héroïsmes. Il a mis en tête ces mots :

« A nos jeunes camarades :

Pour qu'ils soient fiers des actes de bravoure de leurs anciens.

Pour qu'ils soient fiers de l'école qui produisit ces héros de la Grande Guerre. »

L'exemple donné par l'Association amicale de Turgot sera sûrement suivi. Toutes les Petites A de France tiendront à devoir et à honneur de consacrer une manière de Livre d'Or aux survivants et aux Morts glorieux de la Grande Guerre.

ADRIEN SEIGNETTE (1842-1916)

On me remet une dépêche que j'ouvre avec le pressentiment qu'elle contient une mauvaise nouvelle. J'y lis ces mots qui me frappent en plein cœur: « M. Seignette, notre vénéré maître, est mort. Si vous voulez le voir encore, venez vite. » J'accours vers sa demeure, sise près d'une école d'où, jusqu'au dernier instant, cet ami des enfants a pu entendre monter vers lui des voix d'écolières et d'écoliers. Je puis, avant la mise en bière, fixer en moi, pour la dernière fois, la vision de ses traits, si fins et si doux. La mort, qui ne lui avait pas épargné la souffrance, en avait effacé la douloureuse empreinte sur son beau visage, qui dormait dans le calme et la sérénité. Le vaste front, hier encore si agité de pensées, de projets et d'espérances, reposait. Les yeux étaient clos qui avaient une flamme rayonnante de spirituelle vivacité, closes les lèvres, si souvent souriantes, d'où s'échappa jusqu'à la fin la parole de remerciement et de gratitude pour les êtres chers qui le disputaient en vain à l'étreinte de la maladie.

Mais, par une brusque évocation, je le revois, debout parmi les vivants, et comme emporté par sa nerveuse activité, ce laborieux et ce vaillant qui aimait passionnément la vie parce qu'il en employait les moindres heures au service des humbles et des faibles. Il s'avance, la main tendue dans un geste d'amitié ou bien soulignant, ponctuant la pensée. Voici que ses doigts s'activent à rédiger une de ces innombrables lettres adressées à des instituteurs dont il guide l'inexpérience, dont il soutient la foi. Sa voix, je l'entends qui démontre, qui commente, précipitant les mots précis et pittoresques. Elle discute un problème d'éducation. Elle initie les profanes à la vie de la plante, de la bête. Elle se fait douce, persuasive, pour plaider la cause de l'infortune ; et le regard appuie la demande, implore lui aussi, pour qu'un peu de justice soit obtenu, pour qu'un peu de bien soit réalisé.

Faire un peu de bien, ce fut la passion et aussi l'heureuse destinée de cet être exquisement bon qui, autour de lui, voulait que régnât la bonté. Il était et voulait être bienveillant, bien qu'il ne fût pas dupe et que, sous son apparence de candeur et d'ingénuité, il sût discerner les laideurs morales les plus adroitement dissimulées. Il aimait à aimer, bien qu'il eût connu l'ingratitude et, franc, sincère, loyal, il se plaisait à semer les bienfaits, par besoin d'obliger, en plein élan de cœur et sans arrière-pensée de retour. D'autres font sentir le prix d'une intervention, se font arracher, par sollicitations, des promesses que souvent ils ne tiennent pas. Seignette allait au-devant de la requête quand il la savait justement motivée. Il empêchait la fierté pauvre de se faire plaintivement solliciteuse. Puis nulle démarche, nulle peine ne lui coûtaient pour aboutir. Mais, comment aurait-il échoué? Il était si convaincu, si convaincant, et tant de charme, tant de gentillesse et de grâce naturelle enveloppaient sa bonté...

La bonté, il en avait fait le maître-ressort de son enseignement. Il eût pu remplacer le mot de Michelet : « L'enseignement, c'est l'amitié », par cet autre :

« L'enseignement, c'est la bonté ». Professeur de lycée, il s'ingénie à simplifier la tâche de ses auditeurs. Il s'acharne à rendre ses leçons de plus en plus claires et attachantes, de plus en plus méthodiques pour alléger la peine de ses disciples, et, par conseils, par encouragements, se fait tout à tous. Sa science, dont il appartient à un savant comme M. Gaston Bonnier de vous entretenir, — sa science qui, peu à peu, devient toute facilité, il l'emploie à aplanir les difficultés. Un de ses anciens élèves, qui s'est fait un nom dans les études historiques et qui a suivi ses cours du lycée Condorcet, ne me disait-il pas hier? « Il avait le don, l'étincelle. Il s'efforçait de découvrir des vocations. Ceux d'entre nous qui étaient attirés par les lettres, par l'histoire, que la science rebutait parce qu'on ne leur en avait montré que les aspects arides et froids, il les gagnait à elle par sa verve et son entrain, la chaleur de son enthousiasme. C'était un vulgarisateur incomparable. N'ai-je pas, par admiration pour son talent, failli m'aiguiller vers les sciences naturelles? »

Professeur du peuple, — devenu tel, par choix, par goût, — il s'impose le devoir, dans le « *Journal des Instituteurs* », d'être le guide des enseignants primaires, leur directeur intellectuel, leur « préparateur ». Rompu au métier d'éducateur en qui il voit un apostolat, cet agrégé, ce docteur ès-sciences, se met, par la pensée, à la place d'un maître exerçant dans un village, dispensant un savoir encyclopédique, fragmenté en morceaux disparates, et, chaque semaine, il s'applique à découvrir pour lui méthodes et procédés dont, loin des bibliothèques, loin des leçons magistrales, son lecteur, bientôt devenu son disciple, fera bénéficier l'enfance rurale [1]. Quelle dépense de soi dans cette propagande éducative! Quel labeur pour le choix de ces humbles devoirs qu'il faut rendre de plus en plus pratiques, qu'il faut adapter de plus en plus aux nécessités de la vie économique et sociale! Quel renouvellement d'idées!

Peu à peu Seignette élargit le cadre de son cher « Journal » pour élargir l'horizon de ses lecteurs. Il est un des écrivains qui ont le plus fait pour assurer à la presse de l'enseignement la place qui lui est due. Journaux et revues sont mis à contribution pour que, par extraits, l'actualité, qui présente un intérêt réel, s'en dégage. Sous son influence, l'article devient plus court, moins didactique, prend une forme plus alerte et plus légère. Ce directeur qui vraiment dirige le travail, descend aux détails les plus minutieux et s'impose une tâche écrasante. Mais une pensée le soutient. Le « Journal » c'est une chaire, une tribune élargie. Il sait qu'il y fait encore œuvre de professeur, qu'il est au poste de l'idée et de l'action et qu'il prépare la France de demain.

Mais quand ce grand laborieux s'est absorbé jusqu'au surmenage dans sa mission, quand il a pris soin, jusqu'à l'extrême tension de ses forces, des menus intérêts que des milliers d'instituteurs lui confient, il se ressaisit parfois un instant, va redemander un peu de santé à cette « nature » dont il

1. C'est de cette pensée qu'est sortie la collection de ses ouvrages qui se rangent sous le titre de l'*École Moderne* et contiennent la théorie et la pratique de l'Enseignement concentrique.

propage le culte en adorateur passionné. Le poète, le savant aussi, obtient, par intervalle, un congé de l'éducateur. Il s'enfuit brusquement vers la forêt de Fontainebleau pour étudier ses chères abeilles dont il contera les mœurs merveilleuses, ou bien il s'en va pour quelques jours vers le soleil, vers cette Méditerranée dont il suit les côtes, où il mène l'existence du marin, vers ces pays lumineux dont l'éblouissante vision le suivra jusqu'en son agonie.

Puis, après sa cure de rêve et d'apaisement, il reprenait la tâche coutumière, cet adepte de Rousseau, avec une vaillance et une ardeur nouvelles. Et il luttait pour les causes saintes, pour le féminisme, pour la liberté de conscience, pour la culture physique de la race [1], pour la Justice et pour le Droit.

La guerre fut pour Seignette une épreuve atroce. Elle l'atteignait au profond de ses sentiments. Quand il apprit que l'ambitieuse folie des Hohenzollern et des Habsbourg voulait la déchaîner, il m'écrivait : « Quelle affreuse catastrophe se prépare ! Et pourtant les hommes pourraient être presque heureux ! » Dès lors, son optimisme souriant, à la veille des horreurs qu'il entrevoyait, tomba, les ailes brisées, blessé à mort.

Pour éloigner l'obsédante et déprimante pensée de la mêlée où tant de ses anciens élèves succombaient, Seignette, dès août 1914, avait commencé un important ouvrage d'enseignement scientifique, mis à la portée de la jeunesse. Il s'attachait à élucider les principes, à dégager les applications en procédant par

1. M. Adrien Seignette a été longtemps Président de l'Association des Instituteurs pour le patronage de la jeunesse qui dans son Bulletin, dira l'active collaboration qu'il lui a fournie.

questions et réponses, rigoureusement enchaînées. Il remettait sans cesse le travail sur le métier, n'avançait que peu à peu, pour mieux trouver le chemin des intelligences.

La mort n'a pas permis que ce bon ouvrier achevât l'œuvre bonne, qui eût couronné sa carrière de professeur, formé aux méthodes de trois enseignements.

On aurait dit qu'il sentait que le temps lui était compté. « Les minutes, répétait-il constamment, pour moi sont des heures », et il en était avare, ce dont se plaignaient parfois ses amis, privés de ses aimables entretiens. Mais il s'acharnait à la besogne, averti par l'usure de son bon et vieux cœur qu'il fallait aller vite, dans l'intérêt de la science.

Pour allonger les journées, il se levait à cinq heures du matin. Sa première pensée était pour « ses petits oiseaux » qui, familièrement accouraient vers lui, voletaient sur son balcon, happant les miettes qu'il avait coutume de leur jeter. Il s'exposait à l'air glacial pour qu'ils n'eussent pas faim. Par une aube froide de novembre, il contracta le mal qui devait si rapidement l'emporter.

Seignette s'en est allé parmi les regrets et les larmes, et il méritait vraiment des pleurs, même à cette heure où l'on n'en veut verser que pour les jeunes héros fauchés sur le champ de bataille.

Nombreux étaient ses amis qui, malgré l'inclémence du temps, lui ont rendu les derniers devoirs. Nulle parole d'adieu n'a pu lui être adressée. Épris de simplicité, il avait voulu disparaître sans fracas de louanges, modestement, comme il avait vécu, — et disparaître tout entier : et maintenant toute cette harmonie et toute cette beauté ne sont plus que cendres.

Mais l'exemple demeure, et la pensée. « Travail est Joie » : telle était sa devise. Travail est aussi réconfort dans la douleur. Parmi les ruines et les deuils, continuons la tâche obstinément.

II

L'ENTENTE ÉDUCATIVE DES ALLIÉS

UN CONGRÈS SUR LES ŒUVRES DE GUERRE A ROME

I

DU TROCADÉRO AU CAMPIDOGLIO

Aimez-vous les brusques contrastes, les antithèses fortement accusées, les changements, vivement déclanchés, de décors et de milieux? La guerre permet, même « aux civils », de satisfaire leur appétit de mobile curiosité. Scènes et visions dont on est témoin, et parfois acteur, se succèdent comme ces tableaux disparates que le film détache sur l'écran.

L'écran est d'abord largement déployé sur la scène du Trocadéro, où, le jeudi 24 février, Paris acclame le dessinateur hollandais Raemaekers.

MM. Georges Lecomte, Grand-Carteret, Funck-Brentano, dans la manifestation, inspirée par la reconnaissance et dédiée au grand artiste, font défiler les caricatures, d'une touche si personnelle et si puissante, qui marqueront d'un ineffaçable stigmate les

1. 27 février-1er mars 1916.

cimes des Hohenzollern. L'atmosphère est comme saturée d'enthousiasme, d'angoisse aussi, car la ruée allemande sur Verdun commence, se précise, et Paris éprouve la fièvre des grandes journées historiques.

A peine la manifestation est-elle terminée, un train, à travers une furieuse tempête de neige, sévissant dans la Maurienne et la Haute-Italie, m'entraîne vers un autre spectacle, à Rome.

Le 27 février, au matin, la transformation à vue est complète. Au Campidoglio, — le Capitole d'autrefois, métamorphosé par Michel-Ange, — se tient une autre séance, entourée de pompe officielle, pour célébrer l'ouverture du Congrès que la *Culture Popolare* consacre aux Œuvres éducatives de guerre.

Le « Convegno Nazionale » organisé par l'*Union Italienne de l'Éducation populaire*, la *Fédération des bibliothèques populaires*, la *Minerva*, *Institut pour l'enseignement cinématographique* et l'*Union des Instituteurs italiens*, a pour cadre, au Palais des Conservateurs, l'admirable salle des Horaces et des Curiaces où, quelques jours auparavant, l'Italie saluait M. Briand, où, quelques jours plus tard, elle saluera M. Asquith. Le conseil municipal de Rome tient à y recevoir, comme ont fait les chefs et les hommes d'État, en les entourant d'honneurs, les éducateurs, professionnels ou bien volontaires, qui ont forgé l'âme de l' « Italia nuova ».

L'on sent que le pouvoir et aussi que les élus ont à tâche de rendre un éclatant hommage au labeur et au dévouement de l'élite enseignante.

Toutes les grandes administrations de l'État, tous les ministères ont envoyé des délégués qui sont les directeurs des services. Quarante sénateurs, soixante-deux députés sont présents, des ministres, d'anciens ministres, comme l'illustre Luzzatti. Des industriels, des médecins, des savants, suivront les travaux jusqu'au bout, avec une attention passionnée. Ils veulent prendre part aux débats, s'efforcer, en fournissant l'apport de leur savoir et de leur compétence, de dégager les solutions de problèmes dont l'importance leur apparaît capitale.

Ne faudra-t-il pas, demain, que l'école prépare la jeunesse populaire à lutter, sur le terrain économique, contre l'ennemi qui, depuis tant d'années, dirige le mouvement commercial et industriel?

Ne convient-il pas de tracer le programme de l'éducation qui permettra, dans « l'après-guerre », d'obtenir la victoire dans la mêlée des intérêts?

Et ne s'agit-il pas, d'urgence, de porter aide et secours, jusqu'à la fin des hostilités, aux enfants dont les pères combattent sur le Carso? N'a-t-on pas aussi des devoirs à remplir envers les orphelins de la guerre? La rééducation professionnelle des invalides et des mutilés ne s'impose-t-elle pas? Et enfin peut-on laisser, sans distraction intellectuelle, sans réconfort moral, les soldats blessés, dans les hôpitaux, et aussi les combattants quand ils sont au repos, à l'arrière, en attendant de repartir vers l'Alpe que la nature et l'homme rendent doublement homicide?

Ce sont là les graves et complexes problèmes dont s'occupera l'assemblée; c'est là le programme qu'avec une précise entente des difficultés qu'a fait surgir la guerre, a arrêté le Comité promoteur du Congrès.

Le président est le sénateur professeur Pio Foà. Les

vice-présidents sont MM. Turati, député ; Ricci, Soglia, sénateurs ; les secrétaires : Angelo Merlini, Fabietti.

Le comité de Rome a pour président le professeur Mondaini, pour secrétaire M. Agostinoni.

La séance inaugurale est, selon le rythme ordinaire, remplie par des discours. Mais les congratulations habituelles ont été supprimées et, dès le début, on s'est mis à la tâche commune. Les orateurs ont tracé au Congrès son ordre et sa marche, lui ont imprimé des idées vraiment directrices.

M. le professeur Mondaini, après avoir remercié les délégués des nations alliées et amies, énumère les questions à l'ordre du jour.

Le prince Colonna, syndic de Rome, insiste sur le rôle que l'école a joué en formant les générations qui luttent pour la grandeur du pays. Il dit combien il faut s'attacher à l'instruction professionnelle : « L'Italie, s'écrie-t-il, doit se rendre indépendante des marchés étrangers dont elle a subi jusqu'ici la domination. » Ce sont paroles qui peuvent être comprises et entendues ailleurs qu'à Rome.

M. Grippo, ministre de l'Instruction publique, souligne l'importance de la réunion qui tracera au gouvernement la voie à suivre. Il définit l'éducation : « un devoir de solidarité entre toutes les classes sociales qui doit absorber toutes les énergies du peuple. »

Le sénateur Pio Foà, qui sera président du Congrès, passe en revue, dans une leçon magistrale, tous les thèmes, tous les arguments, comme on dit en Italie, qui sont à l'ordre du jour. Il traite des cours populaires, mais il insiste surtout sur l'instruction industrielle dont on a un besoin absolu dans un pays qui doit retenir chez lui la main-d'œuvre qu'on attire à l'étranger.

Le sénateur Scialoja parle de l'assistance scolaire, des devoirs qui incombent aux citoyens, de la part qui revient à l'État. Il amorce par son discours une discussion qui remplira les séances de travail. C'est l'éternel débat, toujours si complexe et si troublant, entre les droits et devoirs de l'initiative privée et de l'action officielle. On en dispute, en Italie comme en France, et la cause n'est jamais épuisée.

Le très grand honneur m'échoit d'apporter au Congrès le salut du Gouvernement de la République, et le même honneur est fait à M. Jules Destrée, membre de la Chambre des représentants en Belgique, qui, s'inspirant des scènes empruntées à l'histoire romaine dont s'illustrent les tapisseries murales, établit un saississant parallèle entre les procédés primitifs des guerres anciennes et la barbarie savante des inventions contemporaines qui ensanglantent l'humanité. Comme je l'avais fait, il exprime sa foi dans le progrès par l'éducation et sa foi aussi dans la victoire finale que doivent remporter la justice et le droit.

On ne saurait croire « l'action prestigieuse » que Jules Destrée, qui a fait une admirable campagne de conférences dans la Péninsule, pour intéresser le peuple à la grande misère de la Belgique martyre, exerce sur les foules italiennes. En l'entendant, on ne peut que répéter le jugement de Maeterlinck : « J'ai entrevu tout ce qu'il y a de mystérieux, d'incantatoire et de surnaturel dans la véritable éloquence ». Et il ajoute : « Il mérite vraiment le nom que j'entendais murmurer autour de moi et que les Italiens lui donnaient avec une sorte de crainte et de joie, désarmés devant une force irrésistible : il était « l'Orateur formidable. »

De chaleureuses acclamations saluent les noms de la Belgique, qui s'est sacrifiée par respect pour la parole donnée, et de la France qui, champion des peuples opprimés, a souffert, elle aussi, et dont l'armée lutte, avec un héroïsme farouche, sous les murs de Verdun.

Car la pensée de la terrible bataille qui se livre aux bords de la Meuse, plane à Rome, sur l'assemblée du Capitole, comme elle étreignait les cœurs, à Paris, à l'assemblée du Trocadéro. Les cris de la rue montent jusqu'à la salle : les dépêches annoncent des assauts furieux. L'anxiété est vive et profonde, car le sort de l'Italie est lié à la destinée de la France, depuis qu'une étroite alliance unit les deux nations. Dans les regards qui se voilent de tristesse, il me semble voir passer comme un sentiment d'affectueuse pitié. Les nouvelles venues d'Allemagne annoncent que les troupes du kronprinz avancent rapidement. Certes on espère dans la victoire de la France dont on admire la vigoureuse résistance, mais les affirmations des agences berlinoises ne sont pas faites pour affermir certaines convictions plutôt hésitantes.

N'importe. Jusqu'au bout, Destrée et moi, nous dirons notre confiance, nos raisons d'espérer. Nous nous le promettons en un fraternel entretien, loin de la foule officielle, en descendant les degrés qui mènent à la place d'Aracœli.

Mais pendant tout ce jour de dimanche, et le lendemain aussi, je me suis rendu compte de ce qu'il peut tenir de soucis et d'inquiétudes et de souffrance morale, en un court espace de temps. Je constate avec quelle intensité l'on ressent les maux de la patrie, quand on est sur terre étrangère et qu'il faut « tenir » en public, et montrer un visage où il est nécessaire que chacun trouve une expression de confiante sérénité !

Dès le mardi, d'ailleurs, à la tempête a succédé la bonace. Les manchettes des journaux n'étalent plus en gros caractères : « Ouragan de feu et de sang à Douaumont; — La terrible offensive; — Les progrès des Tedeschi. » L'œil est attiré par l'annonce de titres plus apaisants : « L'attaque est repoussée; — La vague est brisée », et bientôt dans le *Giornale d'Italia* on peut lire : « Les vainqueurs d'une heure enfermés dans un cercle de mort ». Et chaque fois qu'un télégramme apporte une nouvelle favorable, c'est à qui, par une délicate et affectueuse attention, me le tendra, dans un élan de joie. Car, dans la salle du Congrès comme dans la rue, tous les cœurs battent à l'unisson et l'on fait des vœux ardents pour que Verdun, en qui l'on voit le rempart moral et symbolique de la France et des nations alliées, résiste victorieusement.

II

AU THÉATRE NATIONAL

C'est au foyer du Théâtre National que se déroulent les séances du Congrès. Le soir, sur le plateau, on jouera la *Duchesse du bal Tabarin* qui transportera les spectateurs à Montmartre, mais qui ne leur fera pas oublier Verdun. Le jour sera consacré à des dissertations pédagogiques. Du reste, dans la « Ville Éternelle », le profane et le sacré, loin de se heurter, se fondent en harmonie.

On n'institue pas de commission spéciale. Les débats sur chaque question ont lieu en commun, ce qui fait gagner du temps, permet d'éviter de fastidieuses redites, et d'échapper à l'inconvénient de dérober des discussions à des délégués qu'elles intéressent et qui, n'ayant pas le don de l'ubiquité, ne sauraient se trouver dans plusieurs salles à la fois.

Cinq problèmes sont abordés et ont fait l'objet de rapports dont quelques-uns ont paru dans la si intéressante Revue : *La Cultura Popolare*, organe de l'Union nationale de l'éducation populaire [1].

Les auteurs ne les lisent pas. Ils épargnent aux auditeurs l'ennui d'entendre ce qui est imprimé. Ils résument les développements. Puis l'on discute. Quand les débats sont épuisés sur des études formant un ensemble, les rapporteurs sont invités à présenter, en combinant leurs vues particulières, une conclusion générale, soumise au vote de l'assemblée dont l'ordre du jour deviendra un programme d'action : excellente méthode de travail qu'on pourrait imiter partout où l'on s'assemble en Congrès.

On ne peut pas ne pas être frappé par la prestigieuse facilité d'élocution dont font preuve les orateurs. La plupart ont une rapidité et une netteté de dialectique, une richesse verbale, une verve de

1. 25 février-15 mars 1916, Milan, rue Saint-Barnaba, 38.

riposte qui font honneur à l'apprentissage spécial de la parole par où ils ont passé dans les gymnases, lycées, Universités. On dit souvent que l'Italien naît improvisateur. Mais, à la facilité naturelle, au don inné s'ajoutent l'art, la préparation spéciale et une forte culture générale.

C'est de l'*Assistance aux enfants pendant la guerre* que l'on s'occupe tout d'abord. Le président de séance est M. Turati, député, l'éloquent leader socialiste.

MM. Emidio Agostinoni et Angelo Merlini exposent ce qui a été fait et ce qui reste à faire. M. Merlini a ouvert une curieuse enquête sur l'œuvre des communes, des patronages, des Comités d'assistance civile qui, depuis le début des hostilités, font un généreux effort pour éloigner la misère du foyer familial d'où le père, les frères aînés sont partis. On apprend qu'à Milan, les cantines ont nourri 25.000 enfants et ont dépensé 585.000 francs ; — qu'à Venise on a dépensé 85.000 francs pour les repas d'enfants. Dans chaque ville un comité central a été fondé qui met de l'unité dans les services privés de l'assistance.

Le sénateur professeur Scialoja parle des devoirs de l'État ainsi que M. Casalini.

L'idée qui domine le débat est que l'assistance ne doit pas avoir le caractère d'une aumône, mais qu'elle doit être considérée comme un service public. L'on remarque beaucoup l'intervention de M. Corradini, conseiller d'État, hier encore directeur de l'enseignement primaire au ministère de l'Instruction publique, qui s'efforce, en « debater » adroit et documenté, de concilier l'opposition s'accusant entre tenants de l'initiative privée et partisans de l'intervention gouvernementale. Il y parvient par la rédaction d'un ordre du jour savamment balancé, où un double appel est adressé aux particuliers et à l'État, qui est invité à opérer des prélèvements sur les économies réalisées, paraît-il, au chapitre de l'enseignement primaire.

*
* *

C'est M. le professeur Mondaini, puis le sénateur Foà qui président les discussions relatives à l'*Assistance aux Orphelins de guerre.*

Le sénateur professeur Ruffini et M. Corradini exposent quels sont les devoirs de l'État.

Mlle Linda Malnati, qui, depuis tant d'années, se consacre à un fervent apostalat en faveur de l'enfance déshéritée, insiste, comme le feront toutes les femmes présentes, pour que la tutelle maternelle conserve tout son pouvoir. La famille ne saurait être sacrifiée à l'ingérence de l'État.

D'autres idées se font jour et amènent quatorze orateurs à la tribune. L'on demande qu'il ne soit porté nulle atteinte à la liberté de conscience dans la répartition des secours; et aussi que les enfants nés hors du mariage, soient traités comme les enfants légitimes; et enfin qu'on demande des ressources aux détenteurs de fondations et legs dont les richesses, souvent détournées de leur destination première, ne pourraient recevoir un emploi plus utile et plus humain. Les orphelinats privés sont l'objet de vives critiques.

La discussion a lieu entre Italiens et en terre italienne. Et par la pensée je me reporte aux débats qui se déroulent au Palais-Bourbon et au Luxembourg. D'ailleurs MM. Ruffini, recteur de l'Université de Turin, et Corradini invoquent souvent les noms de nos parlementaires, auteurs de projets de loi. L'on suit au Congrès de Rome les travaux qui sont en cours à la Chambre et au Sénat, à Paris. Et bien souvent retentissent les noms de MM. Léon Bourgeois, Viviani. C'est de la France qu'on attend des solutions précises pour s'en inspirer.

L'ordre du jour enfermant la volonté de l'assemblée est présenté par M. Corradini, qui l'a rédigé avec les auteurs de rapports et d'amendements. C'est un compromis fort habile, composé de considérants dont chacun fait allusion à une des objections et protestations formulées, soit par écrit, soit oralement, et où tous les droits et tous les devoirs, et des pouvoirs publics, et des mères, et des institutions de bienfaisance, se pénètrent et forment un bloc suffisamment solide.

*
* *

M. Valli préside la discussion sur la *Rééducation professionnelle des invalides et des mutilés de la guerre*. Elle fut marquée par une leçon magistrale du sénateur Foà qui montra les progrès réalisés par la chirurgie. En février 1916, d'après le chiffre donné par le savant docteur, on comptait en Italie 4.000 mutilés auxquels on doit joindre les blessés par congélation des membres, qui sont très nombreux. Il montre ce qui a été fait à Milan, à Bologne, à Florence, à Turin qui sont les centres de cure et de rééducation. Il insiste sur les soins moraux qu'il faut donner aux grands blessés dont il étudie la psychologie avec beaucoup de pénétration. Il termine en indiquant quels rapports doivent être établis entre le gouvernement et les divers comités locaux qui s'occupent de la rééducation.

On entend ensuite le médecin-major Galeazzi, le docteur Selvi.

C'est sur une note émouvante que se termine la séance, qui fut un exposé de doctrines et de faits. On vit se lever M. Augusto Romagnoli, qui, aveugle, professeur dans un des lycées de Rome, vint plaider la cause des soldats devenus aveugles à la guerre. Il donna des conseils, dictés par la cruelle expérience que lui imposait une infirmité, supportée avec un merveilleux courage. Il dit qu'il faut s'inspirer, pour faire œuvre pratique, des exemples venus d'Angleterre et des États-Unis. Il énumère les métiers où les soldats frappés de cécité pourront réussir. Son langage respire la confiance et la sérénité. L'assemblée souligne ses paroles d'unanimes applaudissements. L'on sent qu'elle l'entoure de respect et d'admiration pour le bel exemple de vaillance morale qu'il donne et pour l'aide fraternelle qu'il vient apporter aux « emmurés » qu'a fait la guerre.

*
* *

L'enseignement professionnel retient l'attention du Congrès qui a été saisi de nombreux rapports. Le problème a été étudié en ses divers aspects.

Sous la présidence de M. Rignano, on entend tour à tour le docteur R. Bachi qui énumère les raisons d'ordre économique imposant l'organisation de l'instruction professionelle. Le professeur Saldini étudie la préparation des chefs d'atelier, le professeur Osimo, qui, à Milan, a tant contribué à l'organisation de cours techniques vraiment modèles, ouverts par la Société l'*Umanitaria*, parle de la préparation des ouvriers.

M. Della Torre prononce un très important discours sur les devoirs de l'État en matière d'enseignement professionnel. Il se rapproche du programme tracé en France par M. Astier, sénateur. Il se déclare partisan de l'obligation et réclame l'institution de cours ouverts le jour, pendant les heures de travail, et que seraient tenus de fréquenter les apprentis jusqu'à dix-huit ans. Sa thèse reçoit un très favorable accueil.

Il est probable d'ailleurs qu'un projet de loi présenté par M. Nitti, député, sera adopté. Il faut souhaiter que la France ne se laisse pas devancer par l'Italie.

On ne peut passer sous silence deux autres rapports, l'un de M. Soglia, député, qui est une protestation contre toutes les économies que le gouvernement pourrait être tenté de réaliser sur le budget de l'Instruction publique; l'autre de MM. Turati et Fabietti, députés, plaidoyer pressant et convaincant en faveur des blessés et des combattants au repos, pour qui l'on réclame des distractions, des récréations théâtrales, l'envoi de livres et de brochures.

Le Congrès se termine par une allocution du sénateur Foà qui met en relief l'importance des résolutions adoptées. Il adresse un appel à l'esprit d'initiative et de progrès qui anime ses collaborateurs et l'on se sépare en se promettant de compléter, parmi toutes les nations alliées, la victoire militaire que l'on augure éclatante, par une victoire intellectuelle et morale dans le champ de l'éducation populaire.

*
* *

Les congressistes quittent le Foyer du Théâtre qui a été, pendant trois jours, foyer d'action éducative.

Prospectus, catalogues, programmes, leur sont remis dans les couloirs attenant à la salle des délibérations. C'est la règle en tout lieu, quand se tiennent des assises pédagogiques, et la documentation est riche, riche aussi la moisson d'idées que l'on peut emporter, encore qu'elle soit lourde au voyageur dans un pays où il ne peut avoir que des bagages à la main.

Combien d'œuvres, combien d'institutions se révèlent qu'on ignorerait, et à tort, sans les imprimés qui en font connaître l'existence et permettent d'utiles adaptations à d'autres milieux !

On me remet, de M. Angelo Merlini, un « tract » sur les *Sociétés d'anciens élèves* qui, à l'imitation de la France, commencent à pénétrer en Italie. Il y en a même à Trieste, où par elles, l'idée irrédentiste a gagné des recrues. Et voici un Essai sur l'*Assistance aux Orphelins ruraux* de la guerre, filles et fils de cultivateurs, par le docteur Mario Casalini, directeur de l'Institut national de la Mutualité Agricole. Et encore, *Trois ans après*, dialogue de propagande publié par le Comité piémontais d'assistance aux ouvriers mutilés de guerre. Deux soldats blessés dont l'un, Gaspard, n'a pas fréquenté l'École de rééducation, dont l'autre, Henri, a fait effort pour apprendre un nouveau métier, échangent leurs réflexions. Il va de soi que Henri qui a tiré parti de l'apprentissage, triomphe de Gaspard qui a été réfractaire au travail. La causerie, qui est forcément simple d'inspiration et de ton, portera sûrement. De son côté, le Comité lombard fait distribuer un petit volume fort bien illustré sur les œuvres hospitalières de Milan, et notamment sur l'ambulance orthopédique militaire.

D'autres brochures chargent les bras des visiteurs qui, au vrai, sont heureux de trouver réunis des renseignements d'ordinaire dispersés, et malaisément obtenus. Comment se plaindrait-on que, grâce aux Congrès éducatifs, qui, à intervalles réguliers, rapprochent les éducateurs, il y ait, comme une Foire aux échantillons pédagogiques?

Je note le compte rendu de la *Société des projections lumineuses*, car la vue fixe n'abdique pas ses droits, et avec raison, devant les vues mouvantes. J'ai en main la « Relazione » de la *Fédération des bibliothèques populaires* présidée par M. Turati, groupement qui rend de précieux services et dont il serait nécessaire et urgent d'avoir chez nous une organisation similaire[1]. Voici un petit Manuel sur les Colonies d'été maritimes et alpestres ; et celui de : *Promontibus* de Milan, et cet autre de l'*Art à l'école*, dont la pater-

1. La Fédération vient de publier un catalogue de livres sous le titre : *Seule Bibliothèque de guerre.*

nité intellectuelle peut être réclamée par MM. Couyba et Léon Riotor, car leur idée s'est répandue au dehors. Je signale encore dans les spécimens de mon ballot, — il y a pourtant une crise du papier en Italie comme en France — le *Bulletin officiel* de la *Mutualité scolaire italienne* et un gentil journal d'enfants : le *Petit Mutualiste*, qui tire 100.000 exemplaires et va d'école en école répandant et vulgarisant l'Œuvre de solidarité pratique dont J.-C. Cavé fut le fondateur. M. Rugarli, l'apôtre passionné de la Mutualité scolaire italienne, m'a dit avec joie quel progrès l'institution, importée de France, réalisait au delà des Alpes. Et il m'a remis une circulaire de M. Grippo, ministre de l'Instruction publique, et datée du 5 février 1916, qui rend obligatoire l'inscription sur les registres de la Mutualité scolaire de tout élève allant dans une école où elle n'existe pas encore, et où il désire continuer ses versements.

Et comment exclure de l'énumération, forcément abrégée, l'étude, si curieuse, si attachante et si neuve, sur les écoles à l'usage des paysans qui, depuis 1909 ont été instituées dans l'Agro Romano et dans les marais pontins? Elle me rappelle, cette brochure, une visite que j'ai faite en décembre 1912, le soir, aux dévoués défricheurs d'intelligence qui, entraînés par les Marcucci, les Balduccini, les Tommas Triossi, font la classe aux « Analfabètes » — ainsi qu'on appelle là-bas les illettrés, — et qui transforment en écoles des cabanes improvisées et des wagons à bestiaux.

*
* *

Les travaux sont achevés. Les congressistes se dispersent dans la foule qui tient, elle aussi, en plein air, à chaque coin de rue, son petit Congrès quotidien.

On parle de Vallona où les troupes, heureusement transportées de Durazzo, se fortifient. Et aussi d'Erzeroum dont la prise réjouit les cœurs.

On parle du « Prestito », l'Emprunt national, dont les affiches, si variées, si invitantes, reluisent, en tons éclatants, sur les murs, et adressent un artistique et patriotique appel aux souscripteurs. Et l'on parle aussi, et surtout, avec une joyeuse animation, du salut fraternel de la Chambre Italienne à l'armée française, adressé de Montecitorio au Palais-Bourbon, sur l'éloquente proposition de Bissolati; et, devant toutes les pensées se dresse, en fière vision, la silhouette de Verdun, la forteresse de gloire.

III

DES THERMES AU PALATIN

Le Congrès, qui était un Congrès sur les œuvres de guerre, s'est déroulé sans fêtes, sans réjouissances, et même sans banquet, — ce qui est un fait unique dans les annales des Congrès. Il a eu le caractère de sérieux, de gravité, d'émotion que commandait l'heure tragique et sanglante où il s'est tenu.

Deux visites, toutes deux de travail, ont été organisées, en marges des délibérations.

Minerva, Institut national, qui a pour objet d'organiser l'enseignement cinématographique, avait invité les délégués à entendre une conférence sur la rééducation des mutilés, faite par le Dr R. Galeazzi, avec projections fixes et mobiles.

C'est une bien curieuse société que la *Minerva*. Elle est à la fois privée et officielle. Elle a pour président M. Orlando, ancien ministre de l'Instruction publique, actuellement ministre de la Justice.

Le directeur des Beaux-Arts, M. Ricci, est un des vice-présidents. Un homme de savoir et de goût, de grande initiative aussi, M. Emidio Agostinoni, qui la dirige et veille, avec un soin passionné, à son extension, en est l'âme agissante.

La *Minerva* a une commission artistique, un conseil national avec des comités régionaux, échelonnés du Piémont à la Sicile. Son budget est alimenté par dons, cotisations et subventions. C'est, au vrai, une Ligue de l'Enseignement par l'aspect.

La *Minerva* a fait son choix de trois appareils, permettant de satisfaire aux besoins des milieux les plus différents et dont l'un est à fort bon marché. Écoles de villages, de villes, œuvres, établissements d'instruction publique, ont le choix entre l'un des trois types qui leur sont proposés. C'étaient, hier encore, des appareils de fabrication allemande qui sont lourds, peu portatifs; ils vont naturellement être remplacés.

La *Minerva* publie un catalogue dont la table des matières est singulièrement riche. C'est une véritable Anthologie de films instructifs, soit originaux, soit empruntés aux éditeurs de tous pays et accompagnés de notices. Il va de soi que l'illustration des régions italiennes est la plus abondamment fournie. Une série est dédiée à la science, une autre à l'histoire naturelle. Il en est une qui est consacrée à la conquête de l'air, une à la médecine et à l'hygiène, une aux applications industrielles, une à l'éducation sociale. Sous la rubrique de « Variétés », on a groupé des films relatifs à des scènes maritimes, aux sports, etc.

Le ministère de l'Instruction public met à la disposition de la *Minerva*, et l'outillage, et le personnel de la section photographique et cinématographique qu'il a instituée auprès de lui, dans un intérêt scientifique.

Minerva prête et loue les films. *Minerva* possède trois salles de spectacle où sont données des séances aux écoliers qui s'y rendent par roulement. L'une est à Naples, l'autre à Milan, la troisième à Rome [1].

Le théâtre cinématographique de Rome où nous a conviés la *Minerva* est situé dans les *thermes de Dioclétien*. C'est dans une rotonde à dôme, qui rappelle la coupole du Panthéon d'Agrippa, que le professeur Gabazzi fait sa conférence sur la rééducation des mutilés.

La surprise est grande de voir l'orateur, en costume de médecin-major, expliquer, grâce à la lumière électrique, comment on emploie les instruments et appareils de la chirurgie nouvelle, parler d'inventions, à l'aide de cette invention qu'est le cinématographe, dans ce moment où tout évoque le passé. Pourtant l'on s'habitue vite à l'anachronisme, et il faut bien s'y habituer dans une ville où la Rome antique et la

1. Florence aura, bientôt, sa salle de cinéma scolaire.

Rome moderne s'ordonnent avec art, où sur les assises des temples païens s'élèvent des églises et où le monument de blancheur crue érigé en l'honneur de Victor-Emmanuel, sert pour ainsi dire de façade aux pierres chaudement patinées du Forum.

Mais c'est bien une autre secousse sur l'esprit que la *Minerva* causera bientôt aux congressites qui, le lendemain, le jeudi 2 mars, visiteront ses ateliers, son installation pour prise de vues, ses collections.

La *Minerva*, pour tirer pleinement parti du ciel et du soleil, s'est élancée vers la lumière, a escaladé le Palatin et s'est logée tout au haut de l'ancienne villa Mills dont la classique terrasse domine Rome. Sous les yeux, l'on a le Palais de Tibère dont on fouille les ruines et la maison de Livie, et dans le fond, se découpant sur l'azur, s'enlèvent le château Saint-Ange et la basilique de Saint-Pierre.

C'est une véritable petite usine, fort bien machinée, que M. Agostinoni a su aménager au sommet de la Rome primitive, de la « Roma quadrata » de Romulus. Laboratoires, chambres obscures, instruments et appareils perfectionnés pour tourner, fixer, baigner, sécher, rien ne manque afin d'obtenir d'excellentes épreuves pour les vues sur verre, et des films rendant vraiment les formes et la couleur de la vie.

IV

SUR LES COLLINES SACRÉES

Une autre visite s'imposait à l'œuvre d'un autre novateur car, si en Italie le cinématographe appliqué à l'école a réussi, l'école de plein air, la « Scuola all'aperto » y obtient un franc succès. M. Grilli qui, à Rome, s'occupe avec une inlassable activité de ces écoles de santé physique et intellectuelle, m'avait invité à voir les essais qu'il tentait, ou plutôt à les revoir, car en décembre 1912, il m'avait déjà aimablement servi de guide. J'ai visité trois écoles de plein air, toutes trois sises sur des collines, en pleine évocation de l'histoire. J'ai vu les pavillons, les baraquements coquets, dessinés et construits par l'ingénieur Saffi, et qui s'élèvent, l'un, sur les ruines du Palais de Néron, l'autre, derrière le Colisée, « ruine de l'orgueil romain », comme disait Lamartine, le troisième, au delà du Tibre, sur le Janicule. J'ai assisté aux évolutions des enfants, dont quelques-uns font leurs débuts dans l'école de régénération et de santé, dont quelques autres ont déjà reçu, depuis deux ou trois ans, soins médicaux et éducatifs.

Écolières, écoliers, placés dans des pavillons séparés dont les larges baies laissent pénétrer la lumière, sont habitués à se rendre en bon ordre au dehors; à plier, en quatre mouvements, la table-banc portative, dont les ont dotés MM. Grilli et Veroni; à la boucler sur leur dos; à faire des marches en chantant, jusqu'à ce que le maître ait choisi l'endroit où l'on fera halte et classe, sous le ciel bleu.

Je me suis rendu compte dans le détail des procédés ingénieux, imaginés par M. Grilli et par l'élite d'institutrices, d'instituteurs, qui, animés par sa foi d'apôtre, sacrifient loisirs, repos, souvent santé, pour sauver la santé de leurs petits concitoyens.

Les Écoles de plein air sont des externats. On n'y

admet que des enfants débiles, anémiés, vivant dans des taudis, et qui sont désignés par le choix des maîtres et des médecins. Les pupilles ne quittent pas l'école depuis le matin jusqu'à cinq heures du soir, afin de ne pas interrompre la cure. C'est le lever, c'est le coucher du soleil qui déterminent l'horaire.

Le travail scolaire est très réduit. Il comprend cinq demi-heures de leçon en tout. Trois repas adaptés à l'âge, à la maladie, sont fournis gratuitement. La promenade, le repos absolu, ont leur place dans l'emploi du temps.

Chaque école a son terrain de jeux, et aussi son jardinet collectif dont les produits sont utilisés pour la cantine. C'est là un apprentissage pratique de la coopération.

Chaque enfant a droit à son jardin particulier dont les produits sont emportés le soir et ajoutent un peu à la nourriture de la famille. Il faut voir avec quel entrain cette enfance, dont on fait la culture physique, se livre à la culture potagère ! Trois d'entre eux me montrent fièrement la récolte du jour : ce sont des choux, des « brocoli », dont le fumet embaumera la soupe paternelle.

J'assiste à des rondes, à des chants qui s'élèvent au-dessus des collines fameuses où toute pierre est ruine de temple, de palais, de demeure historique. J'admire la justesse du rythme et du mouvement chez ce petit peuple déjà artiste, dont le goût est façonné par deux mille ans de souvenirs glorieux.

A voir nombre de ces enfants qui sont robustes, sains, qui ont le teint coloré, l'œil vif, on ne peut se persuader qu'ils doivent appartenir à la clientèle infortunée et dolente d'une école de plein air. J'exprime mes doutes à M. Grilli. Nous consultons les fiches sanitaires des fillettes et des garçons. Force m'est de constater que la guérison ne tarde pas à récompenser les efforts des novateurs. Les enfants que j'ai remarqués sont arrivés débiles et souffreteux. Ils se sont fortifiés grâce au régime dont ils ont bénéficié. Ils sont à la veille de faire place à des successeurs dont les pères et les mères attendent de l'école réconfort et salut pour leurs filles et leurs fils, anémiés par le mal des villes.

Je redescends avec ce maître éducateur et organisateur, M. Grilli, et au retour, en traversant le Colisée, nous jetons un regard vers le passé, tout en devisant de l'école de l'avenir.

M. Grilli me fait part des résultats obtenus, de ses projets, de ses espérances. Il me dit qu'au début, l'école de plein air excita quelque défiance parmi le peuple, que les enfants hésitaient à venir, car le séjour « all' aperto » était comme l'aveu de leur misère physiologique. Puis, on comprit la pensée des docteurs et des éducateurs sociaux.

Aujourd'hui, me dit-il, pendant que nous remontions la Voie Sacrée, l'école de plein air est devenue populaire. Les enfants la réclament, puis la quittent avec regret. La municipalité consent d'importants sacrifices, s'intéresse à nos efforts. Rome a déjà vingt écoles de plein air, écoles répondant à trois types : écoles dans des pavillons, écoles dans des cours, écoles-terrasses. Il ajoute que ces écoles se multiplieront bientôt, feront l'assaut des pentes et des sommets sur les sept Collines de la Ville éternelle, jalouse de disputer à la dégénérescence la vie de ses enfants, grâce à l'école de plein air, l'école de la vie.

Et je songe aux écoles de plein air, très intéressantes aussi, qui ont été fondées en France, à celle de Lyon, à celle du Havre, au Nid des mutualistes qui abrite ses jeunes hôtes à Montigny-sur-Loing, dans la forêt de Fontainebleau, etc., et qui, à cause du climat, ne peuvent être que des Colonies saisonnières.

Rome et l'Italie disposent d'un collaborateur qui comble de ses dons les Écoles de plein air, qui les illumine et les réchauffe toute l'année. C'est lui qui éclaire et soutient l'œuvre. Les écoles de plein air sont là-bas les écoles du soleil, et l'enfance se montre justement reconnaissante quand, en formant des rondes, elle chante si souvent un hymne au soleil.

LENDEMAIN DE CONGRÈS

Le Congrès d'entente éducative entre alliés a pris fin sur les applaudissements qui ont salué, en Sorbonne, l'hymne à la patrie que Camille Jullian, l'historien de Vercingétorix, a fait entendre.

Que restera-t-il de cette réunion où l'on a dépensé tant d'enthousiasme, tant de foi, affirmé tant d'espérances ?

Des mots, des paroles, ou bien des actes ?

On a entendu d'éloquents rapports, très documentés, dus à Mme La Flize, à MM. André, Vormser, Dyard, Baudrillard et Rocheron. Des vœux ont été adoptés réclamant l'organisation méthodique de l'éducation populaire.

M. Painlevé, ministre de l'instruction publique, a fait une déclaration nette :

« De même que l'enseignement primaire obligatoire est né de la guerre de 1870, il faut que de la lutte actuelle naisse l'enseignement post-scolaire obligatoire. »

La formule est précise. Elle résume en termes vigoureux la pensée du Congrès.

Mais cette pensée, que le gouvernement fait sienne, le Parlement l'adoptera-t-il? Tirera-t-il des neuf rapports proposés à ses délibérations le plan de travail qui doit être imposé à la jeunesse ouvrière et rurale? Le problème de l'apprentissage, de l'enseignement professionel et aussi de la culture générale recevra-t-il sa solution, comme en Allemagne?

Il faut l'espérer, même y compter un peu, car on est las d'attendre depuis un quart de siècle.

Cependant, comme on pourrait encore attendre quelque peu, il faut que l'initiative privée continue son labeur obstiné. Sans doute, elle fait une œuvre incomplète aux résultats insuffisants. On le lui dit et elle le sait. Mais à tout le moins, elle fait quelque chose, et le fait utilement.

Elle est prête à apporter sa pierre à la construction de la Maison nouvelle, dès qu'on lui en donnera l'ordre. Mais elle ne jettera pas par terre l'abri provisoire où fréquente l'élite des adolescents.

Professionnels et volontaires de l'éducation feront de leur mieux pour appliquer la loi annoncée. Ils continueront à lui donner sa nécessaire armature en répétant le mot de l'orateur philosophe : « Que sont les lois sans les mœurs? Vanité! »

Un résultat, non aléatoire, non soumis aux fluctuations de la politique, mais précis et tangible, est d'ailleurs acquis par le Congrès.

La Conférence d'entente éducative entre alliés a décidé la fondation d'un Office permanent qui assurera la continuité de l'effort commun. Il s'occupera d'établir la réciprocité de traitement entre étudiants populaires qui compléteront leur instruction ou générale ou technique. Il entourera d'une affectueuse tutelle les enfants serbes et belges recueillis par la France. Il donnera son lendemain au Congrès et en prolongera l'action.

LE CONGRÈS DE MILAN

ÉCOLE ET GUERRE (30 OCT.-2 NOV. 1916)

M. Pio Foà, sénateur, président de l'Union italienne de l'éducation populaire et M. Angelo Merlini, secrétaire, à la séance de clôture de la Conférence dite d'Entente éducatrice entre alliés, organisée à la Sorbonne par la Ligue française de l'enseignement, avaient, le 21 mai 1916, donné rendez-vous à Milan, pour la fin d'octobre, aux volontaires et aux professionnels de l'instruction qui, en France, s'efforcent de donner à l'école son lendemain.

Une délégation officielle dont j'ai eu l'honneur de faire partie avec MM. Quenioux, inspecteur général de l'enseignement du dessin, et M. Maurice Roger, inspecteur d'académie, s'est rendue à l'appel de l'Union italienne et des autorités scolaires, et a représenté à Milan le ministère de l'Instruction publique. D'autres amis de l'école populaire n'ont pas hésité à supporter les tracas et inconvénients qu'entraîne en temps de guerre, un déplacement à l'étranger, même en pays allié, car et à raison, la frontière, déjà gardée par les neiges, est défendue par d'irritants, mais nécessaires obstacles que dressent à l'envi l'armée, la police, la douane. La petite phalange qui, pour fraterniser avec des convaincus et des passionnés, épris du même idéal qu'elle, a bravé fatigue, froid, pluie, vent, interrogatoires, palabres, stations à la questure, aux consulats, comprenait Mme Mauger, secrétaire générale de la Fédération des Amicales d'instituteurs, MM. Mauger, député, A. Dessoye, député, président de la Ligue de l'enseignement, Léon Robelin, secrétaire général, Ripault, attaché au cabinet de M. Painlevé, Pascal, président de l'Amicale des Hautes-Alpes, A. Foignet, accrédité par les éditeurs français, car le congrès se doublait d'une exposition scolaire, M. Luchaire, directeur des Instituts de Florence et de Milan s'était joint aux délégués.

I

LA VILLE BLEUE

C'est le soir que, sous une nappe de pluie, la délégation française est arrivée à Milan, et elle y a vu tout d'abord ce qu'on ne peut pas ne pas y voir : les ténèbres dont s'enveloppe la ville qui prend d'utiles précautions pour éviter le retour d'un bombardement aérien par les Taubes. Milan, quand le soleil disparait à l'horizon, est plongé dans une obscurité lourde que seules trouent quelques lueurs, échappées à des réverbères dont les vitres sont revêtues d'une couleur bleuâtre, et qui sont censées indiquer le croisement des rues. Milan, d'ordinaire si brillant, est, la nuit, la ville bleu sombre où des ombres se glissent comme aux pays des limbes. L'éclat des lumières ne perd du reste pas tout à fait ses droits. Il se réfugie dans l'intérieur des cafés, des théâtres, des cinémas qui, volets clos, brillent de feux étincelants. D'ailleurs la vie extérieure, dès que le jour luit, redevient intense dans les rues de l'immense cité, toute vibrante et fièvreuse d'activité industrielle et commerciale. Certes les Musées sont fermés et il faut renoncer à la joie de contempler les chefs-d'œuvre des Mantegna et des Léonard. Mais sur la place du Dôme, le spectacle ne change pas, que les voyageurs regardent avec un étonnement toujours renouvelé : c'est le même glissement sur rails des tramways, traçant sans repos et sans trêve un cercle mouvant et bruyant, parmi la course effarée des passants.

II

DANS UN VIEUX COUVENT

Bien loin du centre strident et trépidant s'est tenu le Congrès de l'éducation populaire. Le milieu où par groupes on se rendait, semblait fait à souhait pour le calme et le recueillement.

Le long d'un de ces canaux mélancoliques qui drainent les eaux lentes de la plaine lombarde, derrière de grands murs, dans un ancien couvent acheté par elle, il y a quelques années, la Société d'instruction l'*Umanitaria* reçoit les hôtes, étrangers et nationaux, convoqués par l'*Union italienne de l'Éducation populaire.* Après avoir franchi un jardin où, à gauche, se dresse le buste du fondateur, Loria, qui a légué à l'œuvre 17 millions pour aider à la diffusion du savoir parmi les masses ouvrières, on accède au cloître d'ailleurs très modernisé, où, naguère, sous les arceaux, en longues files, se déroulaient de pieuses processions.

La foi sociale, dans l'asile transformé et rajeuni, a fait des miracles, elle aussi, en se subtituant à la foi religieuse. Les anciennes constructions ont été respectées, mais elles sont utilisées comme salles de classe pour le dessin, pour les cours professionnels des typographes, des brodeuses, des lingères. Des bâtiments nouveaux se sont élevés. Ici sont professées des leçons pour les ouvriers maçons, électriciens, etc. Là, est installée une consultation pour les accidents du travail ; là, dans une Casa dei Bambini, — une maison d'enfants, — des tout petits sont groupés qu'on élève d'après la méthode Montessori. Toute une Université populaire, aux multiples sections nettement spécialisées, couvre un immense espace. Et en face de la partie réservée aux travail scolaire, un bâtiment sert à loger le personnel employé par l'*Umanitaria*.

A l'extrémité de l'immense quadrilatère qui contient écoles et institutions sociales, se dresse la

Théâtre du peuple où sont donnés, régulièrement cours, conférences, spectacles, et qui est l'emplacement réservé à l'originale exposition dédiée à l'École et à la Guerre. Là, s'étalent, livres, cahiers, travaux d'élèves, ceux de l'*Umanitaria* et ceux des écoles de Milan où l'on tente d'utiles expériences. Là, l'enseignement professionnel montre les progrès qu'il ne cesse de réaliser dans l'Italie du Nord; là, sur la scène comme au parterre, au vif des rouges tentures revêtant les boxes en planches, sont disposées des photographies initiant le public à la vie des écoles dans la partie reconquise du Trentin. Là sont affichés journaux, revues, tableaux muraux, spécimens; là sont présentés avec art les livres édités par la librairie classique italienne.

Et la veille de l'ouverture, si vous pénétrez dans la grouillante *Foire aux échantillons*, vous découvrirez M. Maurice Roger, qui s'est fort ingénié et dépensé pour réunir, avant le départ de France, tous les éléments nécessaires au succès de la « Mostra », mettant en belle place, clouant et attachant des documents qui représentent les écoles professionnelles de mutilés. Il dispose aussi, sur un panneau bien en vue, des photographies relatives aux écoles de Reims pendant la guerre. Et devant elles, il verra demain la foule, émue et respectueuse, défiler silencieusement. De son côté M. Quenioux fixe au mur des dessins qui seront bientôt très remarqués, et où s'affirme le goût des écolières et des écoliers français. Deux jours après, dans une conférence faite à des professeurs spéciaux et à des instituteurs, il expliquera les méthodes nouvelles qu'on emploie chez nous dans l'enseignement secondaire et primaire et il sera fort goûté et fort bien compris par une élite éprise d'art sincère. Et, au bas du « plateau », à gauche, le délégué du Cercle de la librairie, M. A. Foignet, déballe le matériel et les volumes enfermés dans des caisses, s'active à l'ouvrage, et réussit à grouper harmonieusement les envois des éditeurs français. Il est en pleine fièvre du vernissage. Tout sera prêt demain pour les visites officielles.

III

DANS LA SALLE DES FRESQUES

Dans une vaste salle du couvent, — d'abord chapelle, puis réfectoire, — et que l'*Umanitaria* a dénommée Salon des fresques, car les parois en sont couvertes de peintures représentant des motifs religieux, s'ouvre le Congrès de l'Éducation populaire, le dimanche 29 octobre, à dix heures du matin. La foule est si nombreuse que l'estrade, dès le premier jour, est envahie par une nuée d'assistants qui se tiendront debout, derrière le bureau, pendant des séances durant, en moyenne, trois heures.

Deux ministres sont présents, le ministre de l'Instruction publique, M. Ruffini, celui de la Justice, M. Scialoja, les sous-secrétaires d'État Canepa et Morpugo qui siègent à la présidence avec le comte Olgiati, le syndic Caldara, le sénateur Della Torre, président de l'*Umanitaria*, le professeur Osimo, secrétaire général, le sénateur Foà, président du Congrès, MM. Corradini, conseiller d'État, ancien directeur de l'enseignement primaire, les directeurs de l'enseignement secondaire et primaire. Les délégués français sont présents, ainsi que le syndic de Barcelone M. Aimaud et M. de Paeuw, inspecteur général délégué par le gouvernement belge. Assisteront aux débats : dix sénateurs, trente-cinq députés, les représentants officiels de soixante cités importantes qui, pour la plupart, ont envoyé le Conseiller municipal, adjoint à l'Instruction publique, dont le rôle a une spéciale importance dans un pays où les grandes villes choisissent au concours le personnel enseignant primaire, afin d'exciter l'émulation entre les instituteurs et de s'assurer le concours d'une élite.

Vingt « maestri » exerçant dans les écoles qu'on vient d'ouvrir dans les « terre redente », assisteront aux délibérations. Toutes les ligues, unions corporatives d'éducateurs, toutes les sociétés d'instruction, de la Vénétie aux Pouilles, du Piémont à la Sicile, ont des délégués qui, dans les discussions, introduiront une intéressante diversité de notes originales correspondant à la variété des terroirs.

La séance inaugurale se déroule selon le rythme ordinaire.

On entend le discours du syndic, M. Caldara, qui salue les hôtes de Milan. M. Della Torre, chef d'une importante maison de banque, sénateur, président de l'*Umanitaria*, demande que l'école prépare les apprentis dont aura besoin dans la lutte industrielle, après la guerre, « l'Italia novella ».

« Les écoles du peuple, dit-il, doivent voisiner avec l'atelier, en suivre les progrès journaliers. »

M. Pio Foà, professeur d'anatomie à l'Université de Turin, sénateur, président du Congrès, prend ensuite la parole. Il réclame l'obligation de l'enseignement professionnel. Il cite l'exemple de la France qui s'achemine vers une organisation d'État pour l'éducation populaire. Il salue, en langue française, les délégués venus de Paris où on lui témoigna une sympathie affectueuse, au mois de mai dernier.

M. Ruffini, après avoir félicité les instituteurs italiens des services qu'il ne cessent de rendre depuis l'intervention, fait l'éloge de l'enseignement professionnel qui doit commander le « Corso popolare » dont on va s'occuper dans le congrès. Il annonce qu'il tirera parti des vœux émis à Milan pour le projet de loi que le gouvernement se propose de présenter au Parlement.

D'autres orateurs se succèdent à la tribune : MM. Adamo, secrétaire général pour les affaires civiles auprès du « Comando supremo », Dessoye, président de la Ligue française de l'Enseignement, qui prononce une éloquente allocution sur la fraternité latine, Edouard Petit, Mme Mauger qui apporte aux Instituteurs le salut de la Fédération française des Amicales, M. de Paeuw, représentant de la Belgique.

Un accueil chaleureux est fait aux hôtes étrangers.

IV

LE CORSO POPOLARE

L'après-midi, devant un très nombreux auditoire, sous l'aimable et spirituelle présidence de M. Pio Foà, assisté de M. Agnelli, professeur de l'Université de Bologne et député de Milan, de M. Friso, inspecteur central au ministère de l'Instruction publique, de M. Turati, député, du professeur Agostinoni, secrétaire, le programme du Congrès est abordé.

Quel en est précisément l'objet? Certes nombreux sont les rapports et communications. On en compte jusqu'à vingt-cinq. Mais au vrai, tous les travaux préliminaires, toutes les interventions annoncées se rapportent à l'étude d'une unique question : la réforme du « Corso popolare ».

Par « Corso popolare », il ne faut pas entendre ce que l'on appelle : Cours populaire en France, cours d'adolescents et d'adultes. Le « Corso popolare » correspond à peu près au Cours moyen, et en partie au Cours supérieur des Écoles primaires françaises, et les écolières et les écoliers qui le fréquentent ont de dix à douze ans.

Le Cours populaire qui date, au moins théoriquement, de la vieille loi Casati (1859) comporte une 5e et une 6e année d'études, — la quinta et la sesta, — dont on entendra fort parler dans le Congrès. Il est obligatoire pour les écoles sises dans les communes contenant plus de 4.000 habitants, ainsi que l'ont prescrit la loi Orlando (1904) et surtout la loi Danco-Credaro.

Le cours populaire s'est répandu dans environ 2.100 communes où les enfants ont la facilité d'aller en classe jusqu'à douze ans, comme le veut la loi. Mais la majorité des autres enfants, comment pourraient-ils fréquenter l'école jusqu'à douze ans, dans les milliers de communes rurales dépourvues du cours populaire? Et là où il existe, comment mettre d'accord la loi sur la protection de l'enfance, qui interdit l'entrée dans les ateliers avant quinze ans, quand à douze le cours populaire abandonne ses disciples?

En outre, le cours populaire qui est, malgré le désir du législateur, surtout un cours d'enseignement général, ne pourrait-il préparer à la vie ouvrière, ne devrait-il pas se transformer en une sorte d'initiation à l'instruction professionnelle?

Deux courants, nettement opposés, emportent dès le début l'assemblée. D'un côté, les instituteurs, les institutrices, admettent malaisément l'adjonction d'enseignements spéciaux et pratiques, confiés à des professeurs étrangers à l'école. Ils redoutent des innovations dont l'âge des enfants ne s'accommoderait pas.

De l'autre, les éducateurs volontaires, les commerçants, les professeurs des grandes Universités, se prononcent en faveur d'une instruction élargie et utilitaire. Les « maestri » désirent rester les maîtres dans des classes dont ils ont la responsabilité, — et les novateurs, qui appartiennent surtout aux Sociétés d'instruction populaire, se prononcent en faveur d'initiatives, dans le sens nettement professionnel qui orientent les études vers la vie économique et qui fassent du Corso popolare comme le vestibule de l'atelier.

C'est entre ces deux tendances que se diviseront rapporteurs et orateurs.

La dispute d'école sera sérieuse, souvent même passionnée. Il n'en pouvait être autrement. Des intérêts, des amours-propres n'étaient-ils pas en jeu et forcément aux prises? Et l'humble et modeste réforme du « Corso popolare » ne faisait-elle pas surgir au moins en partie la question sociale? Le problème de l'école ne posait-il pas le problème de la main-d'œuvre enfantine, de l'assistance aux familles, de ce que l'on appelle au delà des Alpes le « patronato », c'est-à-dire la protection matérielle et morale des écolières et écoliers?

Dès la première prise de contact entre les leaders des deux doctrines, la physionomie des séances, comme on dit en style parlementaire, sera plutôt agitée et mouvementée. Les attaques seront parfois acerbes contre la loi, mais les administrateurs qui en ont été les co-auteurs, la défendront avec énergie. Les chefs sembleront le plus souvent faire un compte rendu de mandat auquel les critiques ne seront pas épargnées.

Et il ne m'a pas semblé que leur autorité fût diminuée, parce que leurs intentions et leurs actes étaient soumis librement à la discussion publique. Même l'on sentait que l'échange d'explications faisait naître la confiance entre ouvriers de la même œuvre.

D'ailleurs, dans ce pays monarchique, on a les mœurs qui devraient régner dans les pays de liberté.

Je le remarque en Italie, comme je l'avais fait en Belgique.

Sans doute il vaudrait mieux que le débat se déroulât sans bruit, sans tumulte. Mais l'on est au pays du soleil, — il est vrai qu'on ne s'en douterait guère en ces pluvieuses journées d'automne, — et puis, comme le disait, avec une fine bonhomie, M. Pio Foà, tout en recommandant le calme : « l'excitation même des assistants est la preuve qu'en pleine guerre ils veulent et peuvent s'intéresser à l'école ».

Le centre d'intérêt, comme on dit dans la pédagogie nouvelle, étant le « Corso popolare », les rapports et communications publiés avant le Congrès par la Revue : « la Cultura popolare [1] », sont groupés avec beaucoup de méthode autour de lui.

Et d'abord on étudiera le cours populaire tel qu'il est, tel qu'il doit être.

Le rapporteur sur la situation de l'école est M. Luigi Friso, inspecteur central au ministère de l'Instruction publique.

M. Franzini, directeur d'école normale, traite du Corso popolare comme école de culture générale. M. Vidari, professeur à l'Université royale de Turin, du cours populaire comme école de préparation à la vie ouvrière, MM. Andreoni et Piccoli, ingénieurs, directeurs d'écoles industrielles, du cours populaire comme école professionnelle du premier degré.

L'Union nationale des instituteurs, par l'organe de ses vices-présidents, MM. Emmanuele et Magliano,

1. 15-19 octobre, rue San-Barnaba, 38, Milan.

fait connaître « il pensiero », la pensée des instituteurs sur la « Scuola popolare ». Le « debatter », pressant et serré qu'est M. Corradini, conseiller d'État, ancien directeur général de l'instruction primaire et populaire, défend la loi Daneo-Credaro dont il a été l'un des inspirateurs. Il s'attache à démontrer qu'elle a fait ses preuves, que l'école, comme le demandent les instituteurs, doit demeurer l'école, que le « Corso popolare » ne saurait utilement s'ouvrir à la préparation professionnelle.

La discussion devient animée, car les deux partis ont pris position. M. Fasolo se range, au nom de l'Union des Instituteurs milanais, à l'opinion exprimée sous forme d'ordre du jour par l'Union des Instituteurs italiens. Le professeur Capodivacca, l'instituteur Dini argumentent avec véhémence, en faveur du Cours à caractère général. D'autres orateurs prononçent à propos de la « quinta » et de la « sesta » les mots de crise, de faillite. MM. Corradini et Friso protestent. M. Cancellini, chef de cabinet du président du Conseil, directeur de l'Instruction primaire, jette dans la discussion des chiffres probants. De 1909 à 1915, dans 56 provinces, 1.840 classes (5e et 6e) ont été instituées.

Cinq autres orateurs se succèdent à la tribune, et la lutte devient chaude.

Et pourtant, après tant d'attaques et de contre-attaques entre traditionalistes et réformateurs, il faudrait conclure sur la première partie du « thème » mis à l'ordre du jour.

On ne concluera pourtant pas, même après des joutes oratoires qui auront rempli trois longues séances. On confie à une commission composée de savants antagonistes le soin d'élaborer des conclusions subtilement balancées.

Mais il faut croire que, dans la coulisse, les opinions demeurent inébranlables et que la conciliation ne s'opère pas avec une rapide facilité, car force sera d'attendre jusqu'à la séance finale pour que l'accord soit fait entre les diplomates éducateurs, — qui auront d'ailleurs beaucoup de peine à faire accepter leurs réciproques concessions par l'Assemblée.

V

DEUX TENDANCES

Et le Congrès continue. Mais après l'orage, survient la « bonace ».

C'est devant un auditoire dont les convictions, pour être aussi sincères, sont plus apaisées, que les rapports sont présentés.

Des études spéciales, très documentées sont résumées: sur les écoles populaires rurales par M. Eugenio Faisia, sénateur, qu'appuie de sa haute autorité M. Franchetti, sénateur; — sur l'enseignement de l'hygiène, par le docteur Ragazzi; — sur les écoles de métiers, par le professeur Galeazzi, directeur général de l'Institut des Rachitiques et du Comité des Mutilés — sur les bases économiques de l'enseignement professionnel, par le professeur Buonocore, chef de cabinet du sous-sécrétaire d'État à l'Instruction publique.

Un discours magistral, de belle tenue littéraire, est

prononcé par M. Vittorio Fiorini, directeur général de l'instruction moyenne et normale, — c'est-à-dire de l'enseignement secondaire, — sur l'école professionnelle dans ses rapports avec l'école technique et le « Corso popolare ». Il traite d'une question qui est à l'ordre du jour en Italie comme en France: la réforme de l'enseignement moyen. Partisan de la culture générale, il se prononce contre la spécialisation prématurée.

Puis c'est le défilé des rapporteurs qui présentent comme une contre-partie du discours administratif et officiel. Les tenants de l'enseignement professionnel s'avancent en ordre serré. M. Cesare Saldini, président du comité de l'enseignement industriel et du Conseil permanent du travail, parle du « Corso popolare » dans ses rapports avec les exigences de l'industrie ; — M. Vittoria Alpe, directeur de l'école supérieure d'agriculture de Milan et le professeur Massimo Samoggia, directeur de l'Office agricole de l'*Umanitaria*, traitent du « Corso popolare » adapté à l'agriculture ; — M. Edmondo Valdiserra, secrétaire général de la Chambre de commerce de Milan, explique par quels moyens le « Corso popolare » devrait s'adapter au commerce ; — M. Luigi Rossi, ancien commissaire général de l'émigration, parle des connaissances que le « Corso popolare » doit inculquer au futur émigrant. Enfin, le docteur David Lévi Morenos, directeur du Navire Asile « Scylla » de Venise, énumère les notions qui devraient être inscrites au programme du « Corso popolare » pour qu'il s'ajustât aux besoins de la marine marchande.

J'ai assisté à l'exposé des rapports présentés par la

série des spécialistes très distingués qui, avec une ardente conviction, réclamaient pour que le « Corso popolare » fît sa place et sa part à chaque branche, à chaque ramification de l'activité humaine. J'étais assis aux fauteuils de la Présidence, car l'on m'avait fait l'honneur de m'inviter à diriger les débats. Et tout en écoutant les orateurs, je me disais que le « Corso popolare » devait avoir une extraordinaire élasticité pour embrasser et pour étreindre tout le savoir de l'homme. Je me disais aussi que les étudiants à qui l'on devait enseigner tant de choses, avaient de dix à douze ans ! Je me le disais, mais je ne pouvais le dire.

Par bonheur, dans une salle voisine, les mandataires des deux écoles opposées délibéraient. Ils pesaient les termes des considérants et des vœux destinés à donner satisfaction à l'opinion moyenne.

M. Pio Foà, à la séance de clôture qui eut lieu le mercredi 1er novembre dans l'après-midi, donna lecture des conclusions.

A voir l'accueil qui leur fut fait par une partie de l'assemblée, on eût pu croire qu'elles seraient rejetées. Objections, protestations, contestations s'élevaient et sous une forme véhémente. Il semblait même que l'opposition allait se changer en obstruction.

Et pourtant le vote des articles et de l'ensemble recueillit la presque unanimité des suffrages.

Le document approuvé par le Congrès mettait d'accord partisans de la culture générale et de l'enseignement professionnel.

Que réclament en effet les conclusions ?

1° L'ouverture de cours complémentaires, cours du soir, cours des dimanches, partout où le « Corso popolare » ne peut s'ouvrir, c'est-à-dire dans les communes rurales, où, faute de cours de revision, les illettrés abondent.

2° La prolongation de la scolarité dans le « Corso popolare » *jusqu'à quatorze ans*, de façon à permettre l'introduction d'enseignements nouveaux, de disciplines pratiques préparant à la vie du travail.

3° Que le programme principal comporte le savoir nécessaire au futur citoyen, mais que les connaissances spéciales soient également obligatoires.

C'était au vrai, la victoire pour les deux camps, et aussi la victoire du bon sens. On ne demandait plus au « Corso popolare » ce qu'il ne pouvait enseigner, faute de temps, ni à ses disciples ce qu'ils ne pouvaient apprendre, faute de maturité intellectuelle et physique.

Et l'on s'élançait vers un progrès déjà réalisé en Suisse, en Allemagne, et qui s'imposera à la France.

Le vote acquis, les discours de clôture commencèrent. M. Pio Foà émit le vœu qu'un congrès (bilatin, franco-italien) fît suite à la manifestation de Milan. M. Turati, député, président de la Fédération des bibliothèques populaires, exprima l'espoir que le Parlement donnerait aux résolutions prises par les assistants les sanctions budgétaires qu'elles comportaient. M. Édouard Petit remercia le bureau du Congrès pour l'accueil fait à la délégation française et annonça, comme l'avait fait M. A. Dessoye, qu'un Congrès entre alliés se tiendrait à Paris en 917 et qu'une Exposition relative à l'école et à la guerre lui serait adjointe. C'est sur le cri de « Vive la France, vive l'Italie », qu'on se sépara.

VI

LE CONGRÈS A CÔTÉ

Mais le Congrès et l'Exposition qui s'étaient tenus au siège de l'*Umanitaria* n'étaient ni tout le « Convegno » ni toute la « mostra ».

Comment passer sous silence les démonstrations, exposés, visites, tout le Congrès, toute l'Exposition « d'à côté » dont le Milan scolaire fut le théâtre en action?

On avait annoncé qu'en séance, des communications seraient faites sur des essais de réformes qui sont tentés à Milan, ville où l'esprit d'initiative est en honneur. Mais les discussions s'étant prolongées au delà du temps prévu, le compte rendu oral des expériences ne put être abordé.

Pourtant, on ne pouvait laisser de côté d'utiles et originales attractions. Mais, par bonheur, ce que l'on ne put entendre, on le vit. Et ce fut grand profit pour tous.

On n'eut pas les « Relazione » des professeurs Lombardo-Radice et Capodivacca sur la nécessité de rénover l'école élémentaire; — de Mme Anna Fédeli sur la méthode Montessori; — de Mme Giuseppina Pizzigoni sur l'école « rinovata » sise au quartier de la Ghisolfa; — mais on alla se rendre compte sur place des réformes appliquées par des volontés novatrices qui prouvent le mouvement en marchant.

Dans l'intervalle des séances tenues par le Congrès assis, il y eût une manière de Congrès debout et itinérant.

Un groupe visite l'école élémentaire populaire de la Via Vignola et admire de quelle façon pratique on a installé : cuisines et réfectoires pour les cantines gratuites, bains-douches, salles de dessin, terrains de jeux, etc. Et 35 écoles où l'espace et l'air n'ont pas été ménagés pourraient être montrées aux visiteurs par la municipalité milanaise qui met son amour-propre à tirer parti de tous les progrès que l'on réalise ailleurs.

Un autre groupe rend visite à la « scuola rinovata » installée à la « Ghisolfa », dans un quartier tout à fait populaire. Les assistants ont été frappés des efforts vraiment ingénieux que l'on fait à la « Rinovata » pour classer les élèves selon leur savoir et leur faculté d'apprendre, pour leur faire prendre ce « bain de réalisme » que réclamait naguère M. Liard, pour les initier à la vie économique et sociale.

D'autres visites furent faites entre autre à la « Casa dei Bambini » selon la méthode Montessori, organisée et dans les locaux de l'*Umanitaria* et dans les habitations ouvrières qu'elle a construites en annexant à ces véritables maisons du peuples : jardins, lavoirs, salles de réunions, bibliothèques, etc. L'on a vu les bambins dans leur Casa, dans une Maison où ils se sentent vraiment chez eux.

Je passe sur les réceptions à qui l'on eût le bon goût de ne jamais donner un air de fête. Mais en marge des cérémonies officielles, comme la soirée donnée à l'Hôtel de Ville, il y eut des réunions privées, dont une surtout empruntait aux circonstances une importance spéciale. Les délégués des instituteurs italiens ont reçu, avec quelles démonstrations de joie, les instituteurs des pays reconquis que le « comando supremo » avait envoyés au Congrès, Mme Mauger, secrétaire générale de la Fédération des Amicales, répondant à l'invitation de ses collègues, a résumé, dans une chaleureuse allocution, l'effort que ne cessent de fournir les instituteurs français pour les œuvres de guerre. Elle a parlé des résultats obtenus, grâce aux sacrifices pécuniaires consentis par les femmes et les hommes d'école, les services rendus aux veuves, aux orphelins par *l'Accueil français* dont elle a oublié de dire qu'elle était l'âme agissante.

D'ailleurs un témoignage écrit de ce qui est fait en France par l'école pendant la guerre demeurera dans les écoles d'Italie. Les délégués français ont en effet distribué une brochure que la Direction de l'Enseignement primaire avait fait composer et imprimer spécialement pour le Congrès et qui est la contribution documentaire fournie par le ministère de l'Instruction publique[1]. Le petit volume comprend des études sur l'école maternelle française, par Mme P. Kergomard, inspectrice générale des écoles maternelles; — la réforme de l'enseignement du dessin par M. G. Quenioux, inspecteur général d'enseignement du dessin; — l'éducation ménagère à l'école primaire, par

1. Le fascicule IV de la *Revue Pédagogique* (nov. 1916) contient ces études.

M. Dolidon, inspecteur de l'Enseignement primaire ; — l'Instruction populaire en France, par M. Édouard Petit ; — Que fera-t-on dans les cours professionnels obligatoires ? par M. E. Rocheron, inspecteur adjoint du travail manuel de la Ville de Paris ; — Un cours complémentaire de jeunes filles, par M. Baudrillard, inspecteur de l'Enseignement primaire ; — L'école primaire française et la guerre, par M. André, inspecteur de l'Enseignement primaire ; — L'enseignement primaire public à Reims pendant le bombardement, par M. Forsant, inspecteur d'enseignement primaire [1].

Le Congrès de Milan, qui aura pour suite le Congrès de Paris, laissera dans l'esprit des étrangers qui y assistèrent d'émouvants souvenirs. Il fut plus qu'un échange d'idées. Il fut une vivante leçon de choses. Il a permis de constater avec quelle ardeur, avec quel esprit de résolution la nation italienne est en marche vers le progrès, et quelles espérances elle fonde sur l'école dont elle veut prolonger l'action. Il a contribué à rendre plus vivante et plus résistante l'entente éducative qui, malgré les malentendus de la politique, a précédé d'un quart de siècle l'entente diplomatique.

Les délégués français emportent avec eux de Milan l'impression que, si l'effort scolaire est louable en France, il serait injuste, imprudent aussi, de ne pas observer le travail vigoureux et comme exalté que réalisent les éducateurs au delà des Alpes. La « Scuola nuova » fleurit dans « l'Italia nuova » que la guerre n'épuisera pas et qui, dans dix ans, nombrera 40 mil-

1. Quelques-unes des études contenues dans la brochure seront traduites en italien et distribuées par les Instituts français de Florence et de Milan que dirige M. Luchaire.

lions d'habitants, fournissant de la main-d'œuvre à sa voisine, affaiblie par sa gloire même. La « Scuola nuova » rajeunit ses méthodes et ses programmes, fait des essais de décentralisation qu'elle ajuste au milieu économique. Elle combat « l'analfabétismo » — l'ignorance de l'alphabet, — avec une une patiente énergie. N'ai-je pas vu dans les marais pontins, — dans « l'Agro romano » la classe d'adultes organisée dans des wagons de marchandises, spécialement aménagés pour recevoir paysans et pâtres illettrés? Les lois relatives à l'émigration, et qu'on observe par intérêt, s'ajoutent à la loi scolaire pour réduire le nombre encore considérable, mais qui va diminuant, des malheureux qui ne savent ni lire, ni écrire. La « Scuola nuova » est à la veille de retenir ses disciples jusqu'à la quatorzième année et de leur imposer, pendant deux ans, une manière de préapprentissage. Elle essaime de plus en plus dans l'Amérique du Sud, dans l'Afrique du Nord, en Asie Mineure, et pour visiter ses filiales, pour en promouvoir aussi, elle a ses propagandistes officiels, trois inspecteurs généraux, affectés aux fondations scolaires du dehors.

Le Congrès de Milan, après le Congrès de Rome, a révélé ses progrès et ses ambitions qu'il importe de connaître, pour que dans « l'après-guerre » l'amitié « bilatine » établisse entre les écoles sœurs des nations sœurs, une constante et féconde émulation.

III

CHOSES VUES

LA SERBIE SCOLAIRE EN FRANCE

I

LES EXILÉS

Après l'automne tragique de 1915, après l'invasion des Austro-Hongrois, des Allemands, des Bulgares se ruant à la suite de Mackensen sur la Serbie, après la retraite — *la Béjania* — qui conduisit la nation douloureuse, vaincue à cause de ses victoires mêmes, aux défilés de l'Albanie et du Monténégro, des femmes, des vieillards, des enfants, tout un peuple traqué et affamé, durent prendre la route de l'exil.

D'Italie, précipitamment, par trains spéciaux, la jeunesse serbe accourut à l'affectueuse invitation de la France, terre d'asile et d'élection, où écolières, écoliers, élèves des gymnases, étudiants des Universités, ont reçu un maternel accueil.

2.000 enfants et adolescents, à partir de février 1916, ont été logés, nourris, vêtus, instruits, soit par les soins du Ministère de l'Intérieur, grâce à l'actif dévouement de M. Ogier, soit par le Ministère de l'Instruction publique où M. Coulet, directeur du Musée Pédagogique, actuellement recteur de l'Académie de Grenoble, s'est dépensé sans compter en leur faveur. Et le Comité Franco-Serbe a fourni et recueilli pour eux argent et vêtements.

On les a placés, soit dans des locaux aménagés pour eux, soit dans des écoles, collèges, lycées, où ils ont été fondus dans la population scolaire, tout en se trouvant sous la protection et la direction des chefs de groupe, surveillants ou bien professeurs de leur nationalité, désignés par la Mission serbe composée de hauts fonctionnaires et spécialement affectée au service de l'enseignement que reçoivent ses jeunes compatriotes[1].

On s'est attaché, de dessein arrêté, à leur faire mener de front les études serbes et les études françaises, à les préparer aux examens et concours qu'ils auraient passés au pays natal et à les initier à la connaissance de la langue du pays adoptif, où ils sont appelés à vivre et à se cultiver jusqu'au retour d'exil.

Sans doute, l'on a tâtonné pour aller au plus pressé, l'on s'est souvent livré à des improvisations parfois coûteuses et la mise au point ne s'est faite, ne se fait que peu à peu. Il eût fallu un plan d'ensemble. Mais comment procéder avec méthode, quand, brusquement, des convois arrivaient et qu'il fallait en hâte hospitaliser les émigrants? L'action rapide, le secours

1. L'office du Bureau scolaire serbe (96, boulevard Raspail) a comme directeurs : pour l'Enseignement supérieur M. Purochevitch, ancien recteur de Belgrade, pour le secondaire et le primaire M. Obradovitch, Inspecteur d'Académie en Macédoine, comme secrétaire M. Petrovich.

immédiat ne pouvaient s'accommoder de règles fixes, d'un ordre rigoureux.

Mais chez les éducateurs serbes et français, chez les administrateurs locaux : préfets, maires et leurs collaborateurs, il y a eu même désir de vaincre les obstacles, d'aplanir les difficultés, d'insérer peu à peu les rouages nouveaux dans la vieille machine scolaire, d'assurer le bien-être physique et le progrès intellectuel des filles et des fils que la France conviait à son foyer.

Grâce à la bonne volonté de tous, ces 2.000 enfants et jeunes gens ont pu être commodément admis, depuis déjà dix mois, dans la famille universitaire, qui pour eux a élargi ses rangs, s'est ingéniée, sans entreprendre sur les habitudes de ses hôtes, à tenter d'originales expériences éducatives.

Mais où sont-ils les filles, les fils des héros qui triomphèrent à Roudenik et que seule une monstrueuse coalition put abattre? Les aînés, les étudiants qui préparent le certificat de maturité — le baccalauréat serbe — ont été réunis à Montdauphin (Hautes-Alpes), à Saint-Laurent-du-Pont, à Viriville, à Voreppe (Isère). Ce sont, ou des inaptes dont la situation militaire correspond à celle de nos réformés, de nos ajournés, et qui demain, le diplôme une fois conquis, seront étudiants dans les Facultés françaises, ou aussi, et en plus grand nombre, des adolescents, vigoureux et râblés qui, après l'examen, s'en iront au camp de Josié (Basses-Alpes), où on les formera au métier militaire avant de les diriger vers les fronts de bataille.

Les plus jeunes, ceux qui sont d'âge scolaire, sont

répartis entre de nombreux établissements d'instruction publique, un peu au hasard des possibilités et aussi des demandes, car nombre de municipalités ont mis leur coquetterie et leur point d'honneur à recevoir des jeunes Serbes. A la date du 15 octobre, on en comptait 1.330, dont on s'occupait rue de Grenelle et pour lesquels on a inscrit au budget un crédit de 1.400.000 francs, afin de couvrir les dépenses en 1916.

C'est surtout dans la région du Midi qu'on a dirigé garçons et fillettes qui ont connu tant de dangers, tant de souffrances, et dont il fallait refaire la santé.

S'agit-il des garçons? L'école primaire supérieure de Pons (Charente) en abrite 92, celle de Bastia 60[1], un lycée de Nice 55, de Lyon 54; le collège de Libourne 40, de Manosque 32, de Barcelonnette 30; l'école primaire supérieure de Bagnols (Gard) 33, de Gisors, 33, etc., etc...

Fillettes et jeunes filles ont été groupées au lycée d'Annecy 22, au collège de Luc (Var) 22, au cours secondaire d'Ajaccio 19, à l'école primaire supérieure de Gap 15, à l'école primaire supérieure de Pons 19, etc., etc...

Population scolaire peu stable d'ailleurs qui, par amour du changement et de la nouveauté, se déplace volontiers, et qui semble de plus en plus s'envoler vers le soleil, vers la Méditerranée, vers la grande ville, vers Nice, qui exerce un réel pouvoir d'attrac-

1. En Corse, M. le Vice-Recteur Thalamas a institué très pratiquement un cycle complet d'Écoles Primaires pour l'importante Colonie serbe qui réside surtout à Ajaccio, à Bastia. Instituteurs, institutrices se sont dépensés sans compter.

tion sur des demi-Orientaux jetés par la grande guerre au pays d'Occident.

Chaque fois que mes tournées m'ont amené dans une ville où des écolières, des écoliers, des étudiants serbes étaient dans une maison universitaire, je suis allé rendre visite à nos jeunes hôtes, pour connaître et comparer les méthodes qu'on employait afin de les initier aux éléments de la langue française, pour connaître aussi leurs besoins, leurs désirs, pour leur apporter l'aide morale d'un peu d'encouragement et d'amitié. Que de fois j'ai étudié les regards, les attitudes des jeunes exilés que la France entoure de son amour et en qui nous devons avoir la volonté passionnée de voir naître, grandir, persévérer l'amour de la France ! Que de fois je les ai réunis, interrogés, écoutés, que de fois je me suis penché sur leur cœur ! Que de fois, enfin, je leur ai exprimé les sentiments de tendresse réelle que professeurs et instituteurs éprouvent à leur égard, l'admiration que le pays tout entier professe pour leur vaillante armée qui, bientôt, comme nous le disions en échangeant nos espérances dans d'humbles salles de classes, rentreront dans Belgrade recouvrée !

Et le soir, quand la joie m'avait été donnée de passer quelques instants avec les chers émigrés, je fixais impressions et réflexions sur mon carnet de route.

II

EN CLASSE CHEZ LES JEUNES SERBES

Si de fortune, pour m'exprimer comme faisaient les romantiques, vous passez par Saint-Vallier, dans la Drôme... — mais au vrai, c'est de dessein arrêté que vous vous y rendrez, que vous vous y arrêterez — vous y contemplerez, s'élançant dans sa fière impétuosité, « Lou Rose », le Rhône célébré par Mistral. Vous y verrez expirer les dernières ondulations des Alpes. Vous y entendrez résonner l'accent de Provence, car c'est là qu'il commence à faire retentir dans l'air son implacable sonorité et vous y entendrez aussi les gutturales intonations de la langue serbe.

La Serbie en Dauphiné! C'est ainsi. La guerre a transplanté, dans ce coin de France, vingt jeunes Serbes qui ont pu échapper à la mort dans la lamentable et douloureuse retraite où tant de milliers de leurs malheureux concitoyens ont péri.

On les loge dans une dépendance de l'hospice qui est sis en plein champ : ils ont un pavillon où vivre entre eux, un parc où s'ébattre — car ils aiment le grand air, les larges horizons, la marche, les exercices du corps et se plient malaisément à l'existence claustrale de l'internat.

On les instruit à l'école primaire supérieure. Là, un professeur serbe fait continuer leurs études aux aînés, d'après le programme du pays natal.

Mais tous, car l'âge des élèves s'échelonne entre huit et seize ans, apprennent la langue française et ont, pour les initier au parler de la nation qui les hospitalise, une institutrice, Mme B...

Trois heures par jour, à l'aide du professeur qui possède quelques éléments de français, à l'aide d'une élève qui sert de moniteur et qui sait un peu d'allemand, car elle a passé par le Polytechnicum de Charlottenbourg, Mme B... s'efforce, s'ingénie, s'épuise à inculquer la pratique des mots usuels à ces étudiants qui, certes, ne forment pas un groupe homogène, ce qui accroît la difficulté de sa tâche. Les uns ont suivi des cours, savent ce qu'est une école, sont un peu débrouillés, car ils ont été soumis à quelque discipline intellectuelle. D'autres sont fils de paysans et plus habitués aux travaux des champs qu'au labeur de l'esprit. Ils font péniblement effort pour écouter, pour retenir, et l'institutrice fait courageusement effort de son côté pour fixer leur attention.

La classe est vivante. La méthode directe y triomphe. L'institutrice fait, le jour de mon passage, une leçon sur la bouche. Le dessin, le geste précèdent la parole. Le mot est dit en serbe, puis en français, car la maîtresse a eu la patience de composer, pour les besoins de son enseignement, un petit vacabulaire franco-serbe analogue à celui que M. Esnest Rochelle, le bon mutualiste, a édité, faisant œuvre de mutualité intellectuelle.

La classe répète en chœur le terme qu'elle lui enseigne en lui montrant à quoi il s'applique : dents, gencives, lèvres, langue, etc. Des interrogations individuelles amènent peu à peu les élèves à s'exprimer par petites phrases.

On ne saurait croire de quelle bienveillance entêtée fait preuve l'institutrice qui a mis son amour-propre à rendre vite les progrès tangibles, car elle veut que ses chers élèves possèdent les éléments du français avant de repartir pour le pays natal. C'est la part d'action patriotique qu'elle a choisie. Elle est bonne et maternelle pour ses hôtes d'un jour. Elle veut faire aimer la France, en apprenant sa langue aux infortunés disciples que l'invasion a chassés de leur patrie. Et par reconnaissance, par plaisir de faire plaisir à l'éducatrice qui tend toute son énergie vers leur prompte initiation au parler de France, ils s'appliquent, ils se condamnent à une immobilité dont ils souffrent. Ils sont obéissants, disciplinés dans cette classe, où une jeune femme, qui a de la bonté et de la volonté, a su imposer sa douce maîtrise à des êtres frustres, instinctifs, tout proches de la nature, si souvent rebelles ailleurs à l'ordre imposé administrativement par des hommes armés de règlements et de punitions.

Et chaque jour trois heures durant, l'institutrice s'active à l'ouvrage, pour donner aux jeunes Serbes une vivante leçon de choses, montrée, traduite, épelée, dessinée, constamment répétée. Autour d'elle, parmi les élèves français, elle a recruté des auxiliaires que j'ai eu le plaisir de rencontrer parfois ailleurs, au cours de ma tournée. Des moniteurs ont surgi parmi les petits camarades que fréquentent les Serbes. Selon les sympathies, la place au réfectoire — car on mange en commun — les voisins sont devenus amis et s'entr'aident. Des petits Drômois apprennent les éléments de la langue serbe, moins sans doute pour les posséder que pour se faire les professeurs de leurs compagnons d'études : touchante fraternité qui créera sans doute des liens durables entre enfants qui se sont connus aux jours d'épreuves et de guerre, et se reverront et se prêteront un concours efficace aux jours de paix et de fécond travail ! L'entente scolaire s'élargira peut-être un jour en entente économique et le lien des échanges unira les intérêts des Alpes aux Balkans. C'est une vision de l'avenir peut-être trop séduisante et trop belle. Mais est-il interdit d'espérer qu'elle luira un jour!

Avant de quitter le petit groupe humain qu'élève Mlle B... [1], je lui adresse quelques mots que traduit le professeur serbe. Je parle aux jeunes étudiants serbes de la patrie absente, du courage déployé par leurs pères, par leurs frères au combat, de l'offensive prochaine dont l'aube semble apparaître, du retour au pays natal. Et pour me remercier, spontanément, ils se rangent devant leur maître et d'un accent grave et fort, ils entonnent d'abord la *Marseillaise*, puis l'hymne serbe, en mettant dans leurs voix toute la sincérité d'émotion qu'ils éprouvent au profond du cœur. Le chant s'élève, portant en lui les espérances des exilés. Et pendant qu'il rententit, un train passe sur la voie qui va, longeant l'école; il est bondé de tommys anglais, de mitrailleuses et de canons. Il descend vers Marseille, d'où hommes et munitions partiront pour Salonique. Des wagons, des vivats éclatent et se croisent avec les dernières strophes de l'hymne serbe que plus d'un soldat de la délivrance répète en s'éloignant.

III

UN VOYAGE EN ZIG-ZAG

C'est le même procédé d'enseignement, à la fois visuel et oral, qu'on retrouve à Tournon, dans le vieux Lycée, l'ancien Collège fondé au XVIe siècle par Tour-

1. Le groupe de Saint-Vallier s'est dispersé après six mois de séjour.

non, conseiller de François Ier, et grand turcophile, et qui serait fort étonné, s'il revenait au monde, de constater combien la politique contemporaine a modifié les sentiments réciproques des Français et des Turcs. Il verrait sa savante demeure servir d'asile à quinze jeunes gens serbes, ennemis nés des Ottomans. Mais ce sont revirements brusques d'alliances dont l'histoire est habituée à enregistrer les paradoxales contradictions.

Comme dans toutes les villes du Midi, l'arrivée des jeunes Serbes, après le douloureux exode, a été accueillie par des démonstrations d'affectueuse bienvenue. Invitations, dîners, où figurait l'excellent cru de l'Ermitage, sis sur les coteaux de la rive opposée du Rhône, dons de vêtements, douceurs et gracieusetés ne manquèrent pas. Puis les heures de festoiement passées, là comme ailleurs, chacun est allé à sa besogne coutumière et les jeunes Serbes, hôtes fêtés et gâtés, ont été immatriculés comme pensionnaires au Lycée, où d'ailleurs on a adouci pour eux le régime de l'internat et mis à leur disposition le parc qui est vaste et verdoyant.

Mais si douce que soit la cage, là comme en d'autres gîtes, cette jeunesse, de sève vigoureuse, qui est précoce, éprise de liberté, se plie mal volontiers à un genre de vie qui lui est inconnu. Elle est forcée de l'accepter, de le subir plutôt. Mais peut-être eût-elle pris goût davantage, et pour son profit, au placement familial à la campagne, dans le voisinage immédiat d'une ville où elle eût suivi les cours, soit d'un collège, soit d'une école primaire supérieure?

La vraie discipline y eût gagné! Celle qui n'est pas

obtenue par la contrainte, mais qui est acceptée avec bonne volonté, avec gratitude...

C'est un instituteur, M. C..., qui instruit les jeunes Serbes. C'est un maître rompu à la pratique de l'enseignement, mais qui cherche, qui innove, et en qui l'âge n'a pas ralenti l'entrain. Il considère qu'il est à un poste de confiance et d'honneur. Il atténue et tempère par la pénétrante amabilité de son enseignement, l'impression plutôt défavorable que cause l'internat à des êtres élevés en liberté. Il les aime et sait s'en faire aimer. Il s'efforce d'effacer en eux le souvenir des maux soufferts.

M. C..., à la différence de Mlle B..., ne se sert d'aucun vocable serbe. Le dessin est pour lui le moyen préféré de communication, de vulgarisation. Sa leçon porte sur les différents objets dont se compose un mobilier. Il dessine la chaise, la table, etc., puis il prononce le mot s'y rapportant, après l'avoir articulé et fait articuler avec une inlassable patience. La révision accompagne constamment l'acquisition des mots nouveaux. Il faut voir comme les élèves, très attentifs, très dociles, sont fiers de montrer ce qu'ils savent, sont heureux de prouver qu'ils sont en progrès : l'on sent qu'ils tiennent ainsi à remercier le maître qui se donne tant de mal pour leur inculquer les éléments du vocabulaire. Leurs voix profondes scandent les syllabes, soit par réponse individuelle, soit par l'émission d'un chœur qui fait trembler les vitres. En quelques mois, de sa craie, de sa mimique, de sa voix, sans aucune intervention du professeur serbe, chef de groupe, qui sait fort peu de français, le bon maître a doté ses disciples de nombreux termes usuels.

Le tableau noir, dont il fait un utile usage, est comme encadré par les portraits du prince héritier serbe et du roi Pierre, dont l'énergique regard se pose sur les fils de ses vaillants soldats, échappés au désastre, et semble les encourager pour les luttes prochaines.

Repassons le Rhône. Allons de nouveau sur la rive gauche et suivons son nerveux et brusque affluent, l'Isère.

Bourg-de-Péage a, comme d'autres petites villes industrielles de la région, sa colonie d'habitants serbes.

C'est le système du groupement autonome qui y a prévalu. Une maison a été prêtée par la municipalité et les jeunes gens y sont logés, surveillés par un professeur qui est de leur nationalité. Pas de pensionnaires enfermés dans un internat et qu'on s'efforce ailleurs, malaisément, de plier à nos habitudes. Pas de compression et de répression. Et chacun se trouve bien d'une éducation libre qui ne transforme pas les maîtres en esclaves d'une consigne mal comprise et mal exécutée par des passants d'un jour.

Dès leur arrivée, les vingt nouveaux habitants de Bourg-de-Péage se sont souvenus qu'ils étaient experts en culture florale. On leur avait livré un jardin tout embroussaillé, couvert de ronces. Ils ont eu vite fait de le remuer, de le piocher, de le planter, de l'embellir, et ils sont maintenant dans un nid de verdure et de fleurs.

Nos fins cultivateurs ne s'adonnent pas exclusivement au travail manuel. On les cultive aussi. Mais à leur endroit, on emploie la méthode plus que directe

Ils sont plongés en pleine réalité. Ils vont en classe, les uns au Collège, les autres à l'École primaire supérieure, selon la nature des études, ou classiques, ou modernes, qu'ils faisaient dans leur pays. C'est par la prise de contact constante avec les maîtres et les élèves français qu'ils s'assimilent un suffisant vocabulaire [1].

Il est vrai que le procédé, plus rapide en apparence, pourrait bien être un peu plus long, car c'est surtout en éducation que la ligne droite n'est pas le plus court chemin d'une intelligence à une autre. Mais à Bourg-de-Péage abondent les moniteurs qui donnent des répétitions gratuites à leurs jeunes amis balkaniques. Et dans les cours de récréation, et sur les routes, il n'est pas rare de percevoir la leçon en plein air qui emmêle dans le vent le yougo-slave et le français.

IV

CHEZ LES JEUNES ÉCOLIÈRES SERBES

Dès ma première visite à Mesdemoiselles les

1. Le Collège de Saint-Marcellin (Isère) reçoit depuis le 1er avril trente élèves serbes. Une institutrice Mlle Ginier leur a donné des leçons de français jusqu'en juillet. Depuis octobre, ils suivent les classes de 4e B, 3e B, 2e B. et leurs progrès sont rapides.

Aux premiers jours d'août, ces élèves serbes furent envoyés en vacances dans la région de Saint-Marcellin. Des familles françaises, de cultivateurs surtout, avait demandé à héberger un ou deux jeunes Serbes. Ils passèrent ainsi deux mois aux champs, ils travaillèrent, aidant de leur mieux femmes, vieillards, enfants restés à la ferme; ils apprirent aussi beaucoup, lisant, parlant, écrivant à leurs amis ou à leurs maîtres. Ils revinrent connaissant un peu un coin de France qu'ils avaient appris à aimer.

étudiantes serbes que l'Université a recueillies, après le lamentable exode, je suis rassuré sur les sentiments qu'elles nourrissent et que sûrement elles conserveront à l'égard de la France. Je les sens confiantes, en sûre voie de santé physique et morale, se louant des attentions, des prévenances dont on les entoure; je les trouve déjà adaptées, aimées de leurs compagnes et les aimant.

Elles sont pensionnaires, elles aussi, comme leurs frères. Mais comme toutes les femmes d'Orient, elles sont habituées à vivre à l'intérieur d'une demeure, à y vaquer aux soins du ménage. Elles n'ont pas le désir, le besoin d'avoir jour sur le dehors. Elles ont le pli du calme et de la réflexion. Elles sont dociles, surtout quand on fait appel en elles à l'amour-propre qui est constamment en éveil. Elles sont, au témoignage de leurs maîtresses, d'une politesse empressée et respectueuse.

Non qu'elles aient renoncé facilement à des usages, à des erreurs, à des préjugés d'hygiène mal comprise qui déconcertaient par leur étrangeté leurs petites amies occidentales. Que de stratégie il a fallu dépenser, quelle patience déployer pour obtenir que les jeunes Serbes ne se missent pas au lit tout habillées! Soit sentiment d'excessive pudeur, soit stricte obéissance à des prescriptions religieuses, elles ne consentaient à ôter que la robe et les souliers. La chemise de nuit est une pièce du trousseau qui paraissait leur être inconnue. On leur en a démontré l'utilité qu'elles reconnaissent et proclament à l'heure actuelle. Quand elles ont eu cette enveloppe protectrice, si semblable à une longue robe, elles ont péniblement consenti à se déshabiller, en se dissimulant de leur mieux derrière des portes d'armoire. Le jeu de cachette a, du reste, peu duré. Et maintenant les petites étudiantes serbes, très civilisées, sont chemisées tout comme les petites étudiantes françaises; on peut être assuré qu'elles importeront dans leur pays l'usage du sous-vêtement de toile et qu'un jour viendra où elles le voudront tout orné de broderies.

C'est à la veille des vacances que j'ai vu des écolières serbes à l'école supérieure de Thonon. Deux d'entre elles prenaient une leçon particulière avec la surveillante, leur compatriote, qui avait fait la grande retraite et échappé aux Bulgares, au prix de mille périls. J'entre dans la salle en simple visiteur. Dans une palabre, en langage « petit nègre », j'apprends d'une des fillettes que ses compagnes et elles n'ont qu'à se louer de l'hospitalité qu'on leur accorde : « Maman pour Serbie, Mme Poizat », — c'est le nom de la directrice — me dit le professeur serbe, et l'enfant acquiesce avec spontanéité à l'affirmation.

C'est, en effet, dans une « *Maternelle* », — une vraie, celle-là — que sont les Étudiantes serbes. Elles se sont vite faites à la discipline de la maison, mais combien elle leur a été douce ! Dès les premiers jours, elles ont été mêlées intimement aux élèves par le réfectoire, les récréations, les promenades. Chaque élève serbe a trouvé parmi les Françaises, deux protectrices : une marraine et une petite maman, dont le dévouement ne s'est jamais ralenti.

L'on s'est appliqué à leur apprendre vite la langue, car on a compris qu'elles s'acclimateraient d'autant plus vite qu'elles comprendraient plus tôt le français.

On leur a donné chaque jour deux heures d'enseignement consacré tout entier à elles seules, et par la méthode directe. La difficulté était de trouver des professeurs pour suffire à la tâche. Le personnel de l'école et les surveillantes — des élèves de cinquième année qui préparent le brevet supérieur et qui sont de futures institutrices, un groupe d'anciennes élèves habitant Thonon — ont tenu à honneur de débrouiller les nouvelles venues. Vingt professeurs dévoués et capables se sont ainsi mis à l'œuvre [1].

Pour imprimer de l'unité dans la diversité des disciplines qu'auraient enseignées tant de monitrices, Mme Poizat a fait, devant ses collaboratrices réunies, une leçon-type aux élèves serbes, et l'on a fixé la méthode et la progression à suivre. Tous les samedis, la directrice fait une leçon de revision sur ce qui a été vu pendant la semaine. Une composition écrite où des places sont données, entretient chez les élèves serbes une vive émulation. L'on a pu constater, soit dans la langue parlée, soit dans la langue écrite, des progrès très rapides. Les jeunes filles ont su assez de français pour pouvoir entrer en octobre dans les classes de l'école primaire ou de l'école supérieure. Mais on leur donne encore une leçon de français par jour et constamment par la méthode directe.

Au Lycée de jeunes filles d'Annecy, quarante-cinq jeunes filles serbes ont passé l'année scolaire 1916, depuis leur arrivée qui a eu lieu en février. Elles sont

1. Au Lycée de garçons, à Nîmes, où est un groupe important d'élèves serbes, ce sont des Normaliennes qui se sont faites les monitrices des jeunes étudiants.

satisfaites, elles aussi, et du bien-être dont elles ont joui, et des soins qui leur ont été prodigués.

C'est une d'entre elles, une jeune fille de vingt ans, qui est la surveillante : Mlle M... Son autorité a été vite acceptée et respectée, car elle se fonde sur une active et ferme bonté.

Les néolycéennes ont été versées dans des classes qui correspondent à peu près à la classe au-dessous de celle qu'elles suivaient dans leur pays. Elles ont fait aussi de rapides progrès qui auraient été, d'ailleurs, encore plus prompts, si une Colonie serbe n'était installée à Annecy et si les enfants, dans la famille, n'étaient forcées de s'exprimer dans l'idiome natal.

Il y a eu, à Annecy comme à Thonon, une question de la chemise. Les pourparlers ont dû être longtemps prolongés, des ordres sévères adoptés pour obtenir qu'on se déshabillât au dortoir. Et dans les premiers temps, on se remettait en cachette les vêtements dans le lit, dès que la directrice avait quitté le champ de bataille. La lutte a maintenant cessé, et parents et enfants ont renoncé à des scrupules condamnés par les lois de l'hygiène et de la propreté.

La piété est grande chez les Serbes et on s'est fait un devoir de la respecter dans toutes ses manifestations. Un pope qui réside à l'extérieur célèbre le culte, préside aux fêtes et assemblées, et les jeunes filles peuvent participer aux exercices religieux qu'observe scrupuleusement la Colonie. L'hospitalité matérielle se double ainsi d'hospitalité morale...

Mais ce n'est pas seulement au bord des lacs que résident Collégiennes et Étudiantes serbes. J'en ai trouvé en pleines montagnes, à 900 mètres d'altitude, à l'École primaire supérieure d'Embrun. Elles forment de petits groupes dans de petits internats, où la vie est familiale et où elles sont gentiment choyées par leurs compagnes.

Embrun en reçoit neuf. Cinq d'entre elles ont de quinze à dix-neuf ans. Anciennes élèves d'un gymnase, elles suivent les cours avec profit. Elles ont été « débrouillées », guidées par une institutrice qui, de février à juillet, s'est consacrée tout entière à elles et les a mises à même de rejoindre à peu près leurs compagnes françaises dans leurs études. Leur vocabulaire est déjà assez riche. Une leçon a été faite devant moi d'après des images. Il s'agissait du costume militaire. Les termes essentiels ont été retenus et sont répétés aisément, à mesure que telle pièce, que tel détail de l'habillement sont désignés par le professeur.

A l'école primaire supérieur de Gap, je trouve quinze jeunes écolières serbes, réparties entre les différentes classes ; deux cours leur avaient été particulièrement faits, de février à juillet, et avec quel entrain, quelle passion de dévouement, par des professeurs qui, à l'envi, se sont disputé l'honneur de les instruire ! J'ai sous les yeux l'emploi du temps, la distribution des matières qui leur ont été assignées. Leçons de choses, de vocabulaire d'après l'image, exercices d'élocution, écriture, dictées, lecture expliquée, histoire, géographie, alternent avec l'entretien du linge, des vêtements, le dessin, le chant et le repassage. Et Mlle Vankitchevitch, professeur serbe et chef de groupe, n'a pas oublié la grammaire serbe, l'histoire serbe, la dictée en serbe — car à l'âge de ces demoiselles, on aurait tôt fait de désapprendre l'idiome national, pour s'assimiler vite et bien la langue étrangère. Même on me dit qu'il en est ainsi pour toutes les débutantes.

L'on veut bien réunir en mon intention toute la petite colonie. Fillettes et jeunes filles, uniformément, portent relevée au-dessus de la tête, une natte de cheveux artistement tressés. C'est la coiffure à la mode de Nisch et de Belgrade, et qui l'est vite devenue aussi parmi les élèves gapensaises.

La conversation s'engage. J'apprends que les enfants ont passé les vacances à la campagne, se sont mêlées avec joie aux travaux rustiques, que le plus souvent, c'est dans les familles des élèves qu'elles ont reçu l'hospitalité. Après la causerie, qui fut tout intime et familiale, l'hymne serbe est entonné par des voix jeunes et fraîches, et c'est à qui, de Mlles Catârina, Militza, Stana, Pénélope, lancera les notes les plus pures, les plus claires.

Mais qu'a la petite Draga R... qui pleure dans un coin et qui courbe la tête si bas, et qui dérobe si bien sa figure que j'aperçois seulement la natte classique auréolée de cheveux ébouriffés? Draga ne sait pas chanter et elle se désole de ne pouvoir se joindre à ses camarades qui communient dans un chœur exprimant leur foi patriotique. Pauvre Draga! elle a encore bien d'autres motifs d'être plongée dans la tristesse. C'est en vain qu'elle envoie lettres sur lettres à une grande sœur, qui, dans la fuite éperdue, a été séparée d'elle. Où est son aînée? A-t-elle pu gagner Salonique? Nulle réponse ne vient...

Et parmi ce petit groupe humain, que d'anxiété, que de souffrance, que de pleurs sur le passé, que de craintes pour l'avenir! Certaines d'entre ces écolières sont sans famille, beaucoup sont orphelines. La mère est morte de privations, sur la route sanglante. Le père est tombé, héros de la guerre sainte! Et comme toutes serrent sur leur cœur, pressent dans leurs bras, couvrent de caresses — et les petites Serbes et les petites Françaises — Bojana, ce qui signifie en serbe « Don de Dieu », une enfant de trois ans qui a ses deux sœurs à l'école et deux frères au lycée de Gap [1]. C'est une poupée vivante, dorlotée à souhaits, et qui a pour petites mamans toutes les pensionnaires, surtout les grandes, qui l'ont comme adoptée et l'entourent d'une tendresse couveuse.

J'emporte la charmante et gracieuse vision du cercle mouvant qui entoure Bojana que bientôt un professeur, réclamant ses droits, bercera dans ses bras — et aussi toute une moisson de devoirs, de relations, de comptes rendus, composés par les écolières serbes, justement fières de me montrer combien elles avaient su profiter des leçons organisées par la directrice de l'école, Mlle Dufételle et professées par Mlles Chabrier et Lussignol...

Ils portent, « ces styles », sur des sujets familiers, sur des souvenirs. A cette question : « Quel est le héros ou quelle est l'héroïne de vos lectures que vous auriez voulu être? Pourquoi? » Mlle Téodora S..., qui a l'âme héroïque, répond, avec un commentaire plein de conviction à l'appui : « La Traga dans *Quo Vadis* ».

1. Un groupe de 20 élèves est au lycée.

D'autres compositions ont trait à l'emploi des vacances, à la journée la plus heureuse passée aux champs, et l'on s'aperçoit que fillettes et jeunes filles n'ont eu que l'embarras du choix, tant elles déclarent toutes que le séjour a été sans cesse agréable « chez les braves gens » — le terme revient souvent — qui les ont accueillies.

Mais une note douloureuse est aussi donnée. Draguigna P..., qui est âgée de seize ans, conte son départ de Serbie, le voyage terrifiant qu'elle a accompli de Nisch à Gap. Quelles pages poignantes, quelle lamentable odyssée à travers ruines, orages, incendies! Quelle course à travers la mort! Nulle rhétorique, nul emploi de procédé qui sente la littérature. Mais quel terrible réquisitoire contre les atrocités d'une guerre inexpiable faite à des victimes innocentes! Simplement, sobrement, Draguigna P... dit les scènes et les épisodes dont elle a été le témoin et l'acteur. C'est comme une vision d'épouvante qui se dresse encore devant ses regards, malgré le recul des temps, et aux heures d'apaisante sécurité. Elle ne peut oublier les nuits passées sous la neige et la tempête, parfois dans une grange, parfois sur des planches jetées à même le sol, ici, dans une voiture aux durs cahots que traînent des bœufs, harassés comme leurs maîtres, là dans la neige qui couvre les corps d'un manteau. J'extrais du récit, qu'on ne peut lire sans être gagné par les larmes, quelques lignes qui en rendent la tragique horreur. Draguigna, avec ses compagnons de route, a marché longtemps. On approche des montagnes :

« La nuit tomba, écrit-elle, le silence régnait. Seulement, quelquefois, on pouvait entendre les cris de douleur sur les rochers nus, les sinistres sanglots des malheureux. La fatigue nous accablait et nous bougions à peine nos membres gelés. Il n'y avait pas d'abri. La montagne était déserte, pleine de pierres glissantes sur lesquelles nous tombions presque à chaque minute. Nos souliers étaient déchirés. Ma petite sœur de dix ans n'avait que des sandales en peau de mouton, et ainsi la marche était plus pénible encore. Il est minuit, nous allions encore dans la boue où nous plongions jusqu'aux genoux. Nous avions peur de chaque ombre, nous tremblions, et, de tous nos yeux, nous regardions loin dans la nuit.

« Et l'aube commençait à apparaître, les objets pouvaient déjà se connaître, quand, trop fatigués, nous arrivâmes sur la cime. Accablés de fatigue et de faim, nous ne pouvions plus résister. Le repos, le repos! criait notre bouche. Puis nous nous couchâmes sur les pierres nues, et bientôt on pouvait entendre seulement l'haleine profonde des dormeurs. Ce fut une fatigue de plus. La neige qui était tombée nous avait couverts; il faisait chaud au-dessous d'elle; au réveil nous continuions le même voyage, monotone et fatigant.

« La faim et la soif nous tourmentaient. Ramassant la neige, nous la comprimions sur nos lèvres sèches et avec elle, nous diminuions la soif. La descente commençait maintenant avec la même peine et la même difficulté et le même grand tourment que quand on montait..., la neige nous accompagnait presque chaque jour, et maintenant ne s'arrêtait plus de tomber. »

Draguigna montre la triste caravane arrivant à Scutari. Un aéroplane allemand bombarde la maison où elle est réfugiée. Elle tombe sur le plancher, mais par bonheur, n'est pas blessée.

Puis, c'est Saint-Jean-de-Médua, c'est l'embarquement, la traversée de l'Italie, la grande joie de l'arrivée à Marseille, le 26 janvier 1916. Là, Draguigna apprend qu'elle ira à l'école de Gap. Elle voudrait bien savoir ce qu'est la ville où on la conduit : A une heure après midi, le train partit. « En voyageant, nous demandions à chaque Français : Comment est Gap? Ils nous disent que c'est une petite ville au pied des Hautes-Alpes qui l'entourent. » Enfin, Draguigna dit toute l'intensité d'émotion qu'elle a ressentie lorsqu'une « société » reçut le groupe à Veynes : « C'était très joli, la salle à manger était décorée tout en verdure, et sur les murs était écrite, en lettres françaises, une partie de notre hymne. Ah! quelle noblesse chez ce peuple si hospitalier! On nous accompagne avec le cri de : « Vive la Serbie! », nous avons répondu aussi : « Vive la France! » Enfin, c'est l'arrivée à Gap, où la réception, quoiqu'il fît nuit, fut enthousiaste. Draguigna avoue qu'elle n'a rien compris aux discours qui furent prononcés et qui devaient être très émouvants, à en juger par l'effet produit sur l'auditoire : « Et après cela, une dame joua notre hymne au piano. Oh! c'était trop pour nous. Nous ne pouvions pas résister. Nous pleurions et nous pleurerions toujours si on pouvait. » Et sur un remerciement, sur un cri de reconnaissance, se clôt le récit de Draguigna.

V

UN CURIEUX ESSAI : LES LYCÉENS SERBES.

Les élèves serbes qui font leurs Humanités ou bien qui sont à la veille de subir l'examen de maturité, qui met fin aux études secondaires, n'ont pas tous été répartis entre collèges et lycées.

De juillet à fin octobre 1916, on a fait dans le Dauphiné, un essai curieux, très original d'organisations autonomes. On a fondé des lycées serbes, à Viriville, qui reçut 220 élèves, à Saint-Laurent-du-Pont 60, à Voreppe 135.

L'expérience n'a pas été poursuivie et peut-être eût-il été utile d'y persévérer. Mais à la campagne on a préféré la ville, et à l'heure actuelle, dans des grands hôtels de Nice, transformés en lycées, 600 jeunes Serbes achèvent leurs classes.

Voreppe était un centre de travail bien choisi, à proximité de Grenoble, la ville d'Université où fréquentent volontiers les étudiants étrangers et qui est outillée pour leur donner un enseignement à la fois général et pratique. J'y suis allé avec M. Paisant, secrétaire général de la Préfecture, qui a organisé le placement, surveillé l'installation et qui a fait preuve de tact, d'activité, de dévouement aussi, dans l'administration parfois malaisée des groupements scolaires.

Le site est merveilleux; le bourg est situé au coude de l'Isère que commande, de sa rude proue, le bec de l'Echaillon. La vallée s'étend, verte et riche, entre les monts couverts de forêts, offrant aux regards de grandioses perspectives. Pour des jeunes gens habitués à la vie en plein air, les bords de la rivière et la montagne offrent de saines attractions naturelles qui auraient pu et dû être préférées aux attractions urbaines.

Je me suis rendu à Voreppe, à la veille du départ vers la Riviera. 120 jeunes gens y ont passé quatre mois, ainsi que 15 jeunes filles, car un petit lycée féminin a coexisté avec un lycée de garçons.

Au moment de ma visite, un certain nombre d'entre les lycéens vont passer bientôt l'examen de maturité. Ils sont en pleine fièvre de préparation. Dans une chambre aménagée en salle de classe, je vois un jeune étudiant qui, au tableau noir, revise son cours de géométrie avec deux jeunes filles qui sont interrogées par lui et l'interrogent. La scène est charmante et de nature à détruire les préjugés qui subsistent encore contre la coéducation.

L'installation matérielle est des plus satisfaisantes, tant au village qui est situé en bas dans la vallée et où est le petit lycée de jeunes filles que dans le Grand Lycée qui est installé sur une éminence, à 100 mètres plus haut. Le dortoir est divisé en boxes qui forment autant de chambrettes. L'aménagement n'a pas été sans entrainer, là comme à Viriville et à Saint-Laurent-du-Pont, d'assez grosses dépenses. Mais les frais n'auront pas été faits en pure perte. Bientôt, après le départ des lycéennes et des lycéens, des réfugiés du Nord et de l'Est, dont on annonce la venue, et dont M. Paisant prépare la réception, bénéficieront des travaux exécutés pour les Serbes.

La cuisine à la française, qui d'abord avait déconcerté un peu les jeunes gens venus d'un pays où un kilogramme de bœuf coûtait, avant la guerre, soixante centimes, et qui se sont affirmés comme assez friands de viande, les a vite conquis à des habitudes de dosage et d'équilibre dont leur santé a d'ailleurs tiré profit. Les pois, les lentilles, fort peu goûtés au début, ont fini par être adoptés et réclamés.

Un statut, réglant le travail et les attributions des professeurs serbes et français, avait été dressé, avec un rare esprit d'équité, par M. Paisant, directeur administratif, et par M. Gazin, inspecteur d'académie à Grenoble, directeur pédagogique. Peut-être pourrait-on en faire usage dans les Alpes-Maritimes.

VI

UNE UNIVERSITÉ SERBE DANS LES ALPES

C'est toute une Université serbe, complète, harmonieuse, que je découvre à Mont-Dauphin, entre Embrun et Gap, en pleines Alpes, à près de 1.000 mètres de haut, à la jonction de la Durance et du Guil, et je ne crois pas qu'il y ait jamais eu dans le monde une Université juchée sur des sommets aussi élevés, dans un site plus pittoresque. C'est vraiment une Université de plein air. Elle est installée sur un rocher à pic, dans les casernes et dépendances de la forteresse, qu'à la fin du XVIIe siècle, Vauban construisit avec une heureuse audace.

J'y suis allé avec M. Decis, inspecteur d'académie

des Hautes-Alpes, par une journée âpre et froide, à la fin d'octobre 1916, en cet automne qui fut un véritable hiver. Le lendemain, d'ailleurs, à l'aigre bise, a succédé la neige qui, en une nuit, a recouvert les montagnes.

Comme à Voreppe, je suis arrivé à temps pour voir les Colons dans la colonie, car ils ne doivent pas y hiverner, et ils vont, eux aussi :

« *Contempler tes flots bleus, ô Méditerranée!* »

après, avoir, dans la belle saison, résidé dans la fraîcheur des cimes. Comme à Voreppe, à Viriville, les frais d'aménagement, pour un temps si court, ont été plutôt lourds. Mais les installations ne seront pas longtemps inutilisées. Assez de réfugiés prendront la place des étudiants serbes.

Gravissez une côte toute roide, arrivez au haut, franchissez herses et pont-levis, pénétrez dans l'enceinte où se trouvent l'église, la poudrerie, les casernes et un petit village de 280 habitants, vous êtes dans l'Université serbe. 284 élèves de tout âge y ont été amenés et il y a encore tout un groupe de Serbes et de Monténégrins que vous rencontrerez, inactifs et mélancoliques, se promenant fièrement dans leur costume national aux couleurs bariolées.

La jeunesse universitaire serbe résidant à Mont-Dauphin se répartit en : élèves des écoles primaires, 31; normaliens et séminaristes, car il y a une école de théologie, 21; lycéens préparant le certificat de maturité, environ 150; lycéens de la section professionnelle, 42; étudiants, 64.

Et sur l'Université savante se greffe une Université

militaire. L'on a, en effet, institué un bataillon composé de 79 soldats qui suivent leurs classes, tout en faisant des exercices d'entraînement qui les préparent, après l'obtention du diplôme, à rejoindre les jeunes troupes serbes qu'on forme au camp de Josié, situé dans les Basses-Alpes, derrière une chaîne de montagnes se dressant à l'horizon.

Le professeur du lycée serbe est M. Nicolas Ranoïévitch, professeur de botanique dans un lycée de Belgrade, capitaine de réserve, commandant le bataillon de Mont-Dauphin.

Quatre instituteurs français, que j'ai eu la satisfaction de voir au milieu de leurs élèves : MM. Prat, Mourre, Vial et Callier, donnent l'enseignement du français aux lycéens et aux étudiants, sous la direction de M. Jean Dujon, professeur de français au lycée de Nisch, qui, né Français et possédant bien le parler yougo-slave, a su adapter en perfection, programmes, horaires, aux études générales.

La méthode suivie est marquée au coin de l'expérience et fait honneur à l'inventive ingéniosité de son esprit :

« Enseignement direct par l'image, par des leçons de vocabulaire et de conversation sur des sujets déterminés. En lecture, les morceaux choisis sont très simples, les explications de termes particulièrement nombreuses (études des mots, famille de mots, synonymes, etc...), diction lente et très accentuée pour amener la prononciation au point voulu. Bref, méthode d'école primaire mitigée en rendant les classes intéressantes au point de vue idées et aperçus, car on s'adresse à des élèves déjà très grands ; et ceci en vue de notre propagande intellectuelle. Les exercices sont courts, applications des leçons de grammaire, de composition française, dictées, etc...

Les résultats obtenus après trois mois de travail sont très sensibles. Les élèves se font comprendre et comprennent en général. Ils ont acquis la volonté d'apprendre notre langue (exemple : la fréquentation scolaire, au début très pénible, est devenue très suivie, 7 à 8 p. 100 d'absences au maximum). Tous les élèves viennent au cours, tous travaillent : « Leur manière de voir a changé complètement ainsi que leur état d'esprit », m'a dit un témoin.

J'assiste à la dernière classe qui sera faite à Mont-Dauphin, où déjà une centaine de jeunes gens, devant faire partie d'un prochain convoi, se livrent à leurs préparatifs de départ. L'un d'entre eux, spontanément, après avoir répondu avec une précise correction de langage, me dit les sentiments de respect, d'affection, que ses camarades et lui éprouvent pour les instituteurs dont ils suivent les cours et dont ils espèrent recevoir encore les fructueuses leçons à Nice. Je leur parle des succès que commence à remporter l'héroïque armée serbe, qui, pas à pas, obstinément, reconquiert la terre de la patrie. Dans les yeux luit un éclair de fierté, de confiance. L'espoir des lendemains meilleurs est dans les âmes.

Et devant l'élite scolaire et guerrière réunie dans l'ancienne salle des gardes, au cœur de la forteresse, passe la vision émouvante du retour au pays natal.

L'ENTR'AIDE SCOLAIRE

C'est à la gare de Lyon, sur un quai d'embarquement. Devant un wagon réservé, une centaine de fillettes et de garçons qu'accompagnent des mamans très affairées, stationnent et répondent à un appel nominal. Puis, par groupes, ils pénètrent dans les compartiments, où sagement ils prennent place, guidés par des institutrices, des instituteurs.

C'est une colonie de vacances qui va partir, au milieu de combien de pressantes recommandations, de tendres adieux!

Colonie originale et qui n'a sa pareille qu'en Italie, sur la Riviera, à Port-Maurice, par imitation de ce qu'a fait la France.

Écolières et écoliers qui appartiennent à l'importante Mutualité Scolaire du 20e arrondissement sont envoyés, grâce à un crédit spécial, consenti par la Société au « Nid Mutualiste » fondé à Montigny-sur-Loing par MM. Durot et Drouard.

C'est l'enfance prévoyante qui, grâce à l'entr'aide intelligemment organisée par M. André, inspecteur primaire, s'efforce de donner un peu de repos, de grand air, de soleil et de santé, à ceux des enfants qui, mutualistes eux-mêmes, sortent de maladie, sont un peu souffreteux, anémiés par le séjour aux étroits logis, aux classes surpeuplées.

La Mutualité scolaire du 20e arrondissement qui est novatrice, fait un admirable effort pour ses petits sociétaires débiles, et elle ne l'a pas interrompu depuis le début de la guerre.

L'an dernier, la Colonie comprenait quatre-vingt-dix enfants des deux sexes, choisis parmi les plus chétifs, les convalescents, les tousseurs habituels. Il va de soi qu'un tour de faveur a été donné aux orphelins de la guerre que la visite médicale signalait comme malingres et affaiblis.

Ah! les petites faces pâles, les maigres bras, les jambes étiques! Quel défilé de pauvres académies!... Mais patientez un mois. Quand le charme de la forêt aura opéré, vous ne reconnaîtrez plus ces jeunes hôtes qu'on va suralimenter, soumettre à un méthodique entraînement de culture physique, régénérer sous les propices couverts de Fontainebleau. Les joues se rempliront et connaîtront les vives et fraîches couleurs. Les poitrines s'élargiront. Et les camarades mutualistes qui jouissent d'une belle santé auront la joie, à la rentrée d'octobre, d'avoir pour compagnons d'études et de jeux des petits amis ragaillardis, remis en état, devant à l'épargne enfantine l'économie de santé réalisée pendant les vacances.

La Mutualité scolaire du 20e arrondissement effectue avec succès une expérience sociale qu'on ne saurait trop recommander à la Mutualité française tout entière, à qui elle donne un exemple de solidarité pratique et humaine.

Elle se tourne vers l'hygiène préventive. C'est le mode le plus sûr pour amener des guérisons, le plus habile aussi, malgré les débours, pour sauvegarder les finances. Ce petit être, frêle et menu, dont les indispositions répétées pèsent sur le budget de la société, cessera, après un séjour réconfortant en plein air, de faire constamment appel à la Caisse commune. Libéré physiquement, il libérera pécuniairement l'humble trésor mutualiste.

Le train se met en marche. Les mouchoirs s'élèvent et s'abaissent, selon le rythme consacré. Quelques mères dissimulent malaisément des pleurs : « C'est la première fois que l'enfant nous quitte! » dit plus d'une d'entre elles. Vite on les rassure. Dès ce soir, des cartes postales leur seront adressées par les colons qui bientôt leur apprendront combien l'on a de joie hors de la ville.

Je m'éloigne en causant avec M. André, le bon ouvrier de l'œuvre bonne.

Il m'apprend que la Mutualité scolaire du 20e arrondissement a, sur son avoir, versé 87.250 francs pour l'emprunt national et possède donc, entre autres valeurs, 5.000 francs de rente 5 p. 100. Et il me dit ce joli mot : « Ces cinq mille francs, la Mutualité scolaire du XXe les consacre à l'enfance chétive. L'argent que paie l'État, on le lui rend en muscles et en os ».

De toute évidence, on conviendra que c'est l'État qui fait le meilleur placement.

LE CHANT A L'ÉCOLE

On chante peu à l'école depuis le début de la guerre. Les écoliers jouent au soldat. Les écolières « travaillent pour le soldat ». Mais si les sabres de bois et les aiguilles sont maniés à l'envi, les voix des futurs guerriers et des apprenties tricoteuses sont muettes. Peu ou point de chœurs.

L'école est comme silencieuse, elle qui résonnait de couplets entraînants, à la sortie, à l'entrée des classes.

Nombre d'enseignants disent : « Beaucoup d'enfants sont en deuil, ont perdu leur père, un frère. Respectons leur douleur. Renonçons au chant qui, allégresse pour les uns, serait tristesse pour d'autres. Prenons notre part du malheur qui atteint nos élèves. »

Le sentiment est noble et délicat. Et pourtant il faut se faire violence. Il faut que demain le chant retentisse encore, dans les cours et dans les préaux, souligne les « mouvements », reprenne sa place dans l'école.

Récemment, dans un des établissements d'instruction où l'on hospitalise les jeunes Serbes et où on les initie à la langue française, à Saint-Vallier, dans la Drôme, au moment où je prenais congé de nos hôtes, après leur avoir parlé de la patrie absente, de la victoire prochaine, j'ai vu spontanément les élèves se grouper et, sur un mode grave et fort, entonner un hymne de là-bas, que, l'an dernier, ils lançaient aux échos des monts et des bois, puis ils ont fait s'envoler les strophes ardentes de la *Marseillaise*. Et il y eut dans ce petit groupe humain un moment d'indicible émotion.

Pourtant ces chanteurs étaient des exilés, et plus d'un portait des habits de deuil. Plus d'un avait laissé, dans le dur et glacial épisode, des parents frappés de mort sur les âpres sentiers qui, du pays serbe, conduisent à l'Adriatique. Dans le chant qui évoque le pays natal, dans celui qui salue la patrie d'adoption, tous ces infortunés trouvaient comme un réconfort et une espérance.

Oui. Revenons au chant. Demandons-lui l'impression collective de confiance qu'il doit donner. Restituons-lui, pendant la guerre, le rang d'honneur qu'il doit occuper.

Dans une lettre adressée aux institutrices et aux instituteurs de l'Oise, M. J. Simon, inspecteur d'académie, vient précisément de leur rappeler que le chant est obligatoire, qu'il contribue au développement physique de l'enfant, dont il élargit la poitrine, qu'il aide à la discipline.

Mais il le recommande surtout parce qu'il donnera courage précisément à l'enfance frappée dans de chères affections. Il montre les soldats allant à la tranchée ou bien au combat en chantant.

Il ajoute : « Que vos élèves fassent comme eux, qu'ils chantent, que ce soient des chants patriotiques, des chants de guerre, la *Marseillaise,* le *Chant du Départ*, la *Brabançonne*, les *Vaillants du Temps jadis, Aux Morts pour la Patrie*, etc., des chants en l'honneur des pays et provinces de la France.

« Bien entendu, point de chants frivoles, ni chants de joie et de fête, mais des chants graves, sérieux, qui réconfortent nos élèves et exaltent en eux l'amour de la Patrie.

« C'est avec ces chants que vous accueillerez — comme j'ai eu la joie de le voir faire dans quelques écoles — les « filleuls » de vos élèves, les blessés qui, parfois, dans nos centres hospitaliers, viennent vous rendre visite, et les pères mobilisés qui arrivent en permission et courent à l'école embrasser leurs enfants. »

MADEMOISELLE BLEUE

C'est dans un quartier populeux de Bordeaux, au Patronage du Groupe Saint-Charles fondé par Mme Tournon et tenu, sous le nom de « Bons Jeudis », par un Comité de dames que préside Mme de la Ville de Mirmont. On y reçoit garçons et fillettes qui se récréent, écoutent de beaux contes, reçoivent un goûter, passent, chaque semaine, quelques heures de joie saine et réconfortante. Les « Bons Jeudis » représentent un peu de bonheur donné à l'enfance pauvre par beaucoup de bonté. Et les « Bons Jeudis » se prolongent, à la fin de l'année scolaire, par l'envoi d'une troupe joyeuse en colonie de vacances.

Écolières et écoliers aiment certes beaucoup les femmes et les jeunes filles qui s'ingénient à les distraire, qui leur distribuent bons de nourriture, chaussures et vêtements, qui visitent et qui aident leurs pères et mères aux jours d'épreuve.

Mais ils ont une petite préférence pour Mlle Bleue.

Mlle Bleue, toute de bleu vêtue, est une infirmière que l'École spéciale du Tondu prête aux « Bons Jeudis », pour qu'ils puissent vraiment faire œuvre bonne.

J'ai vu à l'ouvrage Mlle Bleue, ou plutôt Mlles Bleues, car elles sont deux, dans la petite salle qui leur est réservée.

Dès l'arrivée des infirmières, à deux heures, les dames patronnesses, qui se sont livrées à une minutieuse inspection des pupilles, signalent à Mlle Bleue gamines et bonshommes qui ont besoin de soins. Et alors commencent le lavage des yeux et des oreilles, le pansement des bobos négligés et envenimés, le traitement des furoncles, des panaris, des engelures que Messire Hiver empourpre et ulcère. Et l'on coupe les ongles, et l'on nettoie les mains. C'est un dispensaire improvisé, et qui rend de précieux services à toute une petite humanité dolente dont on ne s'occupe guère au taudis familial.

Mlle Bleue, du patronage, a passé dans l'École.

Mlle Bleue, la Nurse des Écoles, remplit sa mission de dévouement au Groupe Saint-Bruno. Là elle a un service organisé qu'elle exécute, quatre heures chaque jour, dans une pièce contenant une table, un lavabo, une armoire à pansements.

Mlle Bleue est l'inspectrice des têtes, des cous, des oreilles et des mains. Les filles défilent devant elle le lundi et le vendredi matin; les garçons, le mercredi et le vendredi; les tout débutants de la Maternelle, le mardi.

Voir et constater : c'est bien. Soigner : c'est mieux. Chaque après-midi, Mlle Bleue soigne le peloton des petits malades.

Mlle Bleue ne se transforme pas en médecin-inspecteur des Écoles. Mais elle utilise la fiche qu'on lui communique. On ne saurait croire de quelle bienfaisante protection elle entoure la santé enfantine. Elle fait la guerre aux maladies contagieuses qu'elle dépiste, aux épidémies qu'elle évite à son troupeau en excluant vite les sujets déjà atteints.

Mais Mlle Bleue doit être un épouvantail! Non. Elle a vite conquis une popularité de bon aloi : « Loin de la craindre, écrit un rédacteur d'une revue spéciale :

la Garde-Malade hospitalière, elle, son infirmerie et ses pansements, c'était, dès le début, à qui se ferait soigner. Le moindre petit bouton servait de prétexte. »

J'ai réclamé naguère qu'un professeur de jeux : Mlle Joujou, fût, comme en Suède, nommée dans les Écoles. Mlle Bleue, qui, au vrai, est un professeur d'hygiène et de santé, a sa place marquée dans les Groupes-casernes des villes surpeuplées.

La Garonne voudra, sans nul doute, la prêter à la France scolaire qui a grand besoin de ses soins.

IGNORANCE ET ALCOOLISME

Dans la petite école de..., je remarque un petit groupe d'écoliers déjà âgés de neuf à dix ans, qui ânonnent devant l'alphabet ou bien qui épellent difficilement une page imprimée en gros caractères. Je m'en étonne, car la classe est bien dirigée, par un de ces vieux maîtres qui ont la foi, qui, dans leur jeunesse, ont mené le bon combat, au temps que l'on a appelé « l'âge héroïque ». Il a conservé élan, enthousiasme, amour du métier. Il ne connait pas « l'ardeur qui s'éteint et la voix qui tombe », signes avant-coureurs de la retraite.

Quand tout le petit peuple d'enfants est sorti, je demande au bon ouvrier de l'œuvre bonne qui, depuis vingt ans, a été un collaborateur convaincu et passionné de l'éducation populaire, pourquoi cette demi-douzaine d'élèves est si fort en retard.

— Ah! on ne les a pas négligés. On prend plus de peine pour eux que pour les autres.

— J'en suis certain. Je sais que vous ne boudez pas au travail. Sont-ce des anormaux?

— Non. Mais ce sont des fils d'alcooliques. Le matin, avant le départ pour la classe, le père et la mère, pour les ragaillardir, leur font absorber un détestable mélange de café et d'eau-de-vie. Ces malheureux tuent le ver. Ils tuent aussi l'intelligence qui, de jour en jour, s'affaiblit en eux. Ils sont comme hébétés. A chaque rentrée, il faut recommencer à entonner dans leurs cervelles poreuses quelques gouttes de savoir, moins vite absorbées que le marc, que l'eau de mort, et, sur-le-champ, tombées aux bas-fonds de l'oubli. La mémoire est abolie chez eux. Ils ont hérité des tares d'une génération déjà minée par le mal.

— Et nul ne réagit? Et des conseils ne sont pas donnés aux familles qui doivent pourtant constater les progrès à rebours de leur triste progéniture?

— J'ai essayé. Je n'ai pas perdu mon temps, d'ailleurs. J'ai fondé une section cadette de la Ligue Antialcoolique. J'ai fait des causeries avec projections qui n'ont pas été sans produire quelque effet. J'ai eu la peur comme auxiliaire. C'est elle qui a retenu quelques indécis sur le bord du gouffre. Mais il y a les endurcis, les irréductibles. Je n'ai pu gagner sur leur funeste passion. Et vous avez vu de quels pauvres déchets d'humanité ils encombrent l'école, toutes les écoles de la région, car je ne jouis pas d'un monopole dont je serais médiocrement fier. Et vous constatez à quel degré de dégénérescence tombe une race hier saine, robuste et justement admirée !

— Et des illettrés, y en a-t-il dans la commune?

— Hélas ! oui. L'ignorance est en proportion directe de l'alcoolisme. Que peuvent savoir à vingt ans des jeunes gens soumis depuis l'enfance à un empoisonnement systématique? Ils sont présents à l'école, mais leur esprit est absent. Une enquête sérieusement conduite révélerait vite que là où il y a le plus d'alcooliques, il y a le plus d'illettrés. L'ennemi de l'école, c'est le cabaret. »

La conversation eût pu se prolonger longtemps. Je n'ai jamais oublié la mélancolie de cette plainte qui retentit encore douloureusement en moi.

L'ÉCOLE... POUR LES ÉCLOPÉS !

... C'est au Conseil général de la Ligue de l'Enseignement qui vient de voter une subvention aux bibliothèques ouvertes par l'Œuvre des Éclopés de guerre. Mme Jules Ferry, qui préside, avec une si intelligente et si active bonté, l'utile institution placée sous le patronage du général De Lacroix, nous dit : « Et surtout ne confondez pas les Éclopés, qui sont des soldats fatigués, anémiés, ayant besoin d'un peu de repos, d'une halte entre deux combats, et qui demain, réconfortés, reprendront le chemin du front, ne les confondez pas avec les blessés, avec les malades, avec les mutilés qui sont traités dans les ambulances, les hôpitaux, les Écoles de rééducation ».

Les Éclopés? Précisément parce qu'ils ne sont pas classés, parce qu'ils sont « trop peu blessés pour l'ambulance, trop peu malades pour l'hôpital », on les aurait quelque peu négligés si Mme Jules Ferry n'avait pris en pitié leur sort, secondée par une élite de femmes qui savent mettre de l'organisation dans le dévouement. On se fût contenté de les envoyer dans les dépôts spéciaux, abris de fortune aux aménagements improvisés. Là, on leur eût fourni le strict nécessaire, sans parole d'amitié, sans douceur dans les soins.

L'*Œuvre des Éclopés* a un objet patriotique, comme le dit un alexandrin qui lui sert d'exergue :

« *Il faut d'un Éclopé refaire un combattant.* »

Mais elle veut, elle sait être humaine pour des éprouvés qu'elle entoure d'une maternelle affection.

Il m'a été donné d'assister à une séance du Comité, et j'ai pu constater avec quelle précision de méthode fonctionnent les Commissions : et celle du vêtement que dirige Mme G. Roy, et celle de l'hygiène, de l'alimentation, des installations, que préside Mme Édouard Hentsch, et celle du Secours moral, qui a un caractère éducatif, qui s'occupe des livres, des lectures, des conférences, et qui est confiée à Mme Odier, à Mlle Sauvrezis, etc.

Le lien entre les Commissions est établi par la secrétaire : Mlle Javal, dont la pensée et l'action secondent, avec une précise activité, le généreux effort de Mme Jules Ferry.

L'Œuvre a un dépôt de matériel... pour les dépôts d'Éclopés. Figurez-vous, dans les « Galeries » des Champs-Élysées, une manière de bazar géant. Là sont accumulés, en bel ordre, des vêtements, des lits, des jeux, des livres, des objets de toilette, mille choses d'amusement ou bien d'utilité qu'un Dickens eût décrites avec une intense joie. C'est de là que partent les gâteries qui sont distribuées entre cent quatre-vingts dépôts, s'égrenant depuis les tranchées jusqu'à l'arrière, limité à la banlieue parisienne.

Mme Jules Ferry, Mlle Javal veulent bien me faire les honneurs de l'Entrepôt improvisé dans des salons luxueux où se faisaient naguère d'autres réceptions. Puis je me rends avec elles à la Courneuve, pour voir ces Éclopés dont elles ont pris à cœur d'assurer le bien-être et l'hygiène, qu'elles veulent arracher à l'ennui, au découragement, à la misère morale qui si vite s'ajoute à la misère physique.

C'est dans une grande usine, où l'on fabriquait hier des machines, où l'on forge des obus. On y hospitalise les Invalides provisoires. Des rues ont été tracées sur le terrain tout noir de charbon; elles portent des noms aimés : Galliéni, Pau, Malleterre, Joffre. Des soldats de tous ordres, de toutes armes, des fantassins des cavaliers, des Marocains, promènent le pittoresque bariolage de leurs costumes. Des baraquements sont affectés aux divers services : infirmeries, bains et douches, salles de pansements, dortoirs. Un hall immense est occupé par deux cents lits. Une cantine anglaise débite des boissons non alcoolisées. Une grande construction en planches, offerte par Mme la princesse de Talleyrand, est comme un « Foyer du Soldat ». C'est la salle où il lit, où il écrit. Des tréteaux y ont été dressés pour les matinées récréatives.

Une séance est organisée. Des actrices de la Porte Saint-Martin disent une scène de Boursault, un acte de Courteline. Et une causerie, modèle du genre, très simple, très familière, bien à la portée de l'auditoire, est faite sur la Suisse, sur les services que M. Ador et son Bureau d'informations ont rendus aux familles des prisonniers, sur les titres nouveaux que la Confédération helvétique acquiert à notre reconnaissance en faisant un si doux, un si généreux accueil aux rapatriés, aux grands blessés. Le conférencier est un grand industriel d'Alsace, un patriote dont le père a créé avec Jean Macé, dans le Bas-Rhin, les premières bibliothèques populaires : M. Dollfus. Il donne à la réunion sa note éducative et obtient un franc succès, car il a su trouver un sujet qui vraiment intéresse l'auditoire. Il est documenté et on le sent sincère. On se rend compte qu'il veut renseigner, faire œuvre utile. Il mêle adroitement l'anecdote à la description et sait trouver, sans apprêt, sans phrase, la note émue.

Dans tout le pays, sur l'appel que lui ont adressé Mme Jules Ferry et M. A. Sarraut, l'École, surtout l'École féminine, est déjà venue en aide à l'Œuvre des Éclopés de la guerre. Mais les besoins vont augmentant à l'entrée de l'hiver. Il importe que les milliers de petites mains réunies dans les Écoles de France, et qui cousent, et qui rapiècent, et qui bâtissent, et qui tricotent, réservent une part de leur production aux Éprouvés de la guerre. Institutrices et écolières qui travaillent « pour le soldat » songeront aux pupilles douloureux et valeureux de Mme Jules Ferry.

L'ENTR'AIDE PAR LES CHIFFONS

L'École a fait la collecte de l'or pour l'État et, au fin fond des cachettes paysannes, elle s'ingénie à découvrir le splendide embusqué. L'École fait en outre la cueillette des vieux chiffons, des vieux papiers. Elle a lancé à leur recherche, dans les greniers et dans les caves, ses disciples qui, à l'envi, dénichent vieux journaux, vieux almanachs, vieux catalogues des magasins tout froissés, jaunis, maculés parfois, d'où sortira demain un jeune papier tout blanc, prêt à recevoir les articles de journaux, les confidences du poilu, les premiers essais graphiques de l'écolier.

Les petits biffins improvisés fouillent les recoins des maisons, font des tournées, des découvertes, accourent à domicile au premier appel, emplissent des sacs, brouettent, trient, tassent comme des chevaliers professionnels du crochet.

Même ils ont soin de tenir compte des recommandations, qu'au nom du Ministre de l'Instruction publique et de Messieurs les historiens et bibliophiles, on n'a pas manqué de leur faire si justement. Ils mettent de côté les livres qui, à première vue, leur paraissent présenter quelque intérêt, les signalent pour qu'on les sauve de la destruction.

Il est vrai qu'à côté d'eux, des mercantis n'ont pas même scrupule, et, malgré les circulaires des savants qu'ils feignent d'ignorer, sacrifient d'excellents ouvrages, jettent au pilon des éditions dont bientôt on déplorera la perte. On aura dû toutefois à l'école d'avoir circonscrit les dommages, d'avoir sauvé quelques précieuses reliques du passé.

Le sauvetage accompli par l'école chiffonnière ne se bornera pas à la conservation de vénérables in-folio. Dans nombre de départements, elle travaille ainsi pour procurer des ressources aux œuvres de guerre nées chez elle. Dans quelques-uns, elle s'active à ramasser bouts de cartons et feuilles imprimées qu'elle vend pour porter secours aux enfants qui sont devenus Orphelins de guerre et Pupilles de l'école.

Dans une lettre adressée à ses collaborateurs, M. Deries, inspecteur d'académie de la Manche, leur écrit :

« Instituteurs et institutrices, il faut savoir prendre, par le temps présent, les initiatives les plus imprévues. Improvisez-vous les collecteurs de tout ce que l'on voudra bien vous apporter à l'école de vieux papiers. Quand vous en aurez réuni une suffisante provision, vous la vendrez au nom de vos élèves. Le produit de cette vente sera ajouté par vous, pour l'Œuvre naissante des Pupilles de l'École publique de la Manche, aux versements de vos conseils municipaux, de vos délégués cantonaux, de toutes les personnes de votre entourage qui ont à cœur de collaborer à cette entreprise patriotique de reconnaissance nationale.

« Il n'est rien de vil dans la maison de Jupiter, disait un ancien. Le métier de chiffonnier n'est pas plus méprisable qu'un autre. Le fond de votre hotte scolaire se convertira en bonnes espèces dans la caisse de nos orphelins.

« Vous aurez rendu à notre industrie un signalé service, et vous aurez du même coup contribué à payer une part de notre dette aux fils et aux filles des héroïques défenseurs de notre sol. »

Dans un département de la région pyrénéenne, les chiffons vendus par l'enfance écolière pour l'enfance opheline, se sont transformés en beaux billets et ont produit 10.000 francs. Dans la Manche, on escompte une recette de 15.000 francs « pour que le Nord, comme le dit M. Deries, ne soit pas battu par le Midi ».

Midi et Nord luttent en effet d'émulation pour que l'école s'adapte, par d'adroites et souples initiatives, à l'entr'aide enfantine. Et si les Pupilles de l'école en bénéficient, l'école elle-même y trouvera aussi un noble gain, car de plus en plus elle exercera dans le pays une maîtrise fondée sur les services qu'elle rend aux jours d'épreuves.

UN COIN D'ALSACE EN ARDÈCHE

COLMAR-PRIVAS

Colmar? Privas? Comment ces deux noms peuvent-ils être associés, comment ces deux villes peuvent-elles être rapprochées? Quel est le trait d'union entre la plaine d'Alsace ou bien les Vosges, et les monts de l'Ardèche, la « France bossue », comme l'appelait Élisée Reclus.

Ce qui rapproche Colmar et Privas, c'est l'École, telle que la guerre, féconde en surprises et en paradoxes, même « à l'arrière », l'a subitement métamorphosée.

J'ai trouvé à Privas un coin d'Alsace, un groupe d'écoliers, ou plutôt d'Étudiants, qui, en l'an 1915-1916, ont dû ressentir d'étranges impressions, en se trouvant, si loin, transplantés du pays natal, par un brusque coup du sort, dans une école de France.

L'École Normale de Privas a reçu, en effet, depuis

avril 1915, des hôtes vraiment inattendus. On lui a confié 14 jeunes gens, triés parmi les 4.500 Alsaciens qui ont été, au début des hostilités, pris au delà de la frontière et transportés dans l'Ardèche. Une Commission spéciale, où figura l'abbé Wetterlé, a visité les camps de prisonniers civils et d'otages et donné aux 14 adolescents la carte tricolore, arrachés à la foule des suspects ils ont été confiés pour finir leur instruction à l'École normale d'instituteurs.

On les a rendus, au vrai, aux études spéciales que la plupart d'entre eux faisaient avant la guerre. C'était de futurs éducateurs. Treize sur 14 préparaient leurs examens, à l'École normale de Colmar.

On les forme, à Privas, pour professer en Alsace, là où ils auraient été envoyés par les autorités allemandes. Mais il faut bien compter qu'ils exerceront en terre française, en langue française et avec des sentiments français.

Deux hommes d'initiative et d'action, de pensée généreuse, se sont penchés, dès le début, sur leurs intelligences et sur leurs cœurs, ont gagné leur amitié et les gagnent de jour en jour davantage à l'amitié française : M. Molitor, inspecteur d'académie, dont on ne dira jamais assez quels services il a rendus pour l'hospitalisation des Alsaciens-Lorrains, et M. Brouillard, directeur de l'École normale. Tous deux savent à fond l'allemand et s'attachent à initier les nouveaux disciples à la connaissance d'une langue qui fut celle de leurs ascendants. Ils en possédaient déjà les éléments, surtout ceux qui étaient nés dans la région montagneuse de l'Alsace. Là, au foyer familial, la tradition s'était maintenue et quelque usage du parler français avait subsisté. En quelques mois, ils ont fait des progrès tout à fait surprenants. Studieux, appliqués, d'esprit méthodique, ils s'acharnent à l'ouvrage. J'ai constaté, dans une classe, qu'ils s'exprimaient, à condition de répondre un peu lentement, avec une précise correction.

La plupart d'entre eux préfèrent les lettres aux sciences, ce qui les distingue, bien entendu, sauf exception, des Normaliens que j'ai vus dans tant de départements et que leurs études antérieures inclinent à mieux aimer les mathématiques. Ils sont désireux de s'instruire. Ils goûtent, en général, les lectures sérieuses. Plusieurs consacrent leur argent de poche à l'achat de nos plus belles productions classiques.

La connaissance de nos chefs-d'œuvre littéraires a été pour eux une révélation. Les écrits des maîtres sont apparus à leurs yeux avec une grandeur et une beauté que n'avaient guère dégagées les secs commentaires des enseignants allemands.

Comme le directeur qui, souvent, quand il corrigeait les devoirs, prenait le groupe des Alsaciens à part, examinait avec chacun des élèves chaque phrase et presque chaque mot, les professeurs de l'école se sont attachés à hâter les progrès des nouveaux venus. Ils se sont consacrés à la tâche délicate de les initier à la culture française.

Mais on doit bien se douter qu'il fut malaisé, au début, d'assurer, à l'école, la vie en commun de jeunes gens de langue, d'éducation, de mentalité si différentes. On jouait vraiment la difficulté.

Directeur et professeurs se sont ingéniés à prévenir les conflits. Ils ont dit aux élèves ardéchois combien était triste la situation de ces camarades, exilés de la terre natale, éloignés de leurs familles, ayant des amitiés dans les deux camps. Ils ont essayé de leur faire comprendre la longue infortune de la population alsacienne, que deux peuples puissants se disputent depuis des siècles.

Ils ont dit, ils ont répété sans réticence aux Alsaciens que leurs maîtres, que leurs condisciples étaient Français, ardemment Français, fiers de la civilisation française; qu'on accueillait à bras ouverts les fils d'Alsace, mais qu'on ne pouvait pas éprouver des sentiments de bienveillance pour un peuple dont la pensée est toujours tournée vers la guerre et qui, par ses raffinements de cruauté, dépasse les plus tragiques horreurs stigmatisées par l'Histoire.

Les Normaliens de l'Ardèche ont reçu avec cordialité les Normaliens d'Alsace. Quand on a ses amis, ses parents au fort de la mêlée, quand chaque jour on apprend la mort de camarades, d'êtres chéris, il faut nourrir en soi un profond sentiment d'humanité, faire un magnifique effort sur soi-même, pour se montrer bon quand même vis-à-vis de jeunes gens dont quelques-uns, peut-être, vivaient, par la pensée et par le cœur, dans l'autre camp.

Quels étaient, en effet, les sentiments véritables à leur arrivée à l'École Normale de Privas, de ces Alsaciens, munis de la carte tricolore?

« Il est difficile de lire au fond des âmes, m'a dit un témoin. Mais je crois que ces Normaliens de Colmar étaient de tendance allemande et désiraient la victoire allemande. »

Le milieu, la langue, l'éducation n'avaient pas laissé

d'agir. D'autres causes avaient influé sur leur esprit. Ne leur avait-on pas dit à l'École et même à l'Église, là-bas, que la France était un pays en pleine décadence, qu'elle ne résisterait pas au premier choc. Ne leur avait-on pas répété que la France avait voulu, avait provoqué la guerre ! Ne leur avait-on pas affirmé qu'une affreuse corruption régnait chez les Velches ! Et la France ne semblait-elle pas avoir oublié l'Alsace?

Inspecteur d'académie, directeur, professeurs, et, entraînés par eux, élèves aussi, mirent leur amour-propre et leur patriotisme à faire la conquête morale de ces frères abusés.

Peu à peu, les jeunes Alsaciens, se rendant à l'évidence, étaient obligés de reconnaître qu'on les avait trompés sur les origines de la guerre. Tenus au courant des faits, ils constataient que la décadence française était plutôt Renaissance et que le reproche d'immoralité ne pouvait guère s'appliquer à la très grande majorité de la population qui est honnête et saine. Ils convenaient aussi, à l'user, que le régime libéral des écoles françaises, si éloigné du caporalisme prussien, avait ses avantages et sa valeur éducative, et n'inclinait pas les étudiants aux beuveries orgiaques.

Peu à peu, les relations sont devenues plus intimes entre Alsaciens et Ardéchois. De véritables amitiés sont nées entre quelques-uns d'entre eux.

Les Normaliens de Colmar qui se tenaient le plus sur la réserve n'ont plus mêmes regrets, mêmes espérances qu'ils n'avouaient pas. Ils s'ouvrent à un autre idéal :

« Ils ont évolué, me disait encore un témoin qui a

le sens critique et qui ne donne pas dans les illusions flattant ses désirs. Je puis me tromper. Mais je ne crois pas que maintenant, un seul d'entre eux désire la victoire allemande. »

Après m'avoir annoncé qu'un de ses pupilles a dépensé beaucoup d'activité pour fonder une section de la Ligue Française à l'École Normale et a manifesté l'intention de s'engager, dès qu'il aura obtenu ses brevets français, mon interlocuteur qui a suivi de près les étapes de ces intelligences enfin mises en face de la vérité, se plait à ajouter :

« Le ralliement me parait sincère. Je crois que le groupe confié à l'École Normale de Privas contribuera à faire mieux connaitre notre mentalité, à faire aimer notre civilisation en Alsace. Nos hôtes ont été placés dans des conditions particulièrement propres à leur permettre une comparaison sérieuse, réfléchie, entre les deux cultures. Les sentiments très vifs qu'on leur a inculqués à l'école allemande ne peuvent disparaitre en quelques jours, mais étant donné la marche qui suit la transformation, qu'il faut obtenir par persuasion, par la force invincible qui émane des idées et des faits, je pense que tous compteront bientôt parmi les partisans les plus convaincus et les plus dévoués de la cause française.

« Et, s'il m'est permis de généraliser, je crois qu'après la victoire, la France pourra, avec du tact, en pratiquant sincèrement les principes de justice et de tolérance qui doivent être comme les assises du régime républicain, regagner rapidement une population intelligente, laborieuse, dont il faut ménager la foi, les mœurs, les traditions. »

Le vœu émis par mon interlocuteur sera sûrement exaucé.

Quand l'heure aura sonné du retour de l'Alsace à la France, l'on saura agir avec une persuasive et prudente fermeté, faire œuvre de sage pénétration. Et pour donner une solution à la question scolaire qui sera singulièrement troublante, les jeunes instituteurs alsaciens formés en France, ne laisseront certes pas d'aider à la conquête intellectuelle et politique qui suivra la conquête militaire.

L'ÉCOLE RACHEL

Ce n'est pas un Conservatoire à côté. Un seul suffit pour former le monde qui déclame. Même on pourrait dire, tant les murs sont revêtus d'imprimés répétant ce simple mot : « Silence », que c'est l'École du Silence. Car il faut vous dire que cette École récemment surgie, qui est École des Veuves de la Guerre, était, avant les hostilités, occupée par des ateliers où des midinettes un peu bruyantes avaient besoin qu'on les rappelât à un mutisme relatif. La recommandation continue à s'imposer aux yeux, mais elle n'a plus à s'imposer aux volontés.

L'École Rachel est une École Professionnelle destinée à enseigner aux femmes qui ont perdu leur mari à la guerre. C'est par pitié filiale, en souvenir d'une mère qui lui montra par l'exemple comment doivent se combiner l'intelligence et la bonté, que M. Léonard Rosenthal, le fondateur et le Mécène de l'originale et utile École dont il fait tous les frais, l'a placée sous l'invocation poétiquement biblique de Rachel.

L'École Rachel est sise en plein quartier des élégances mondaines, faubourg Saint-Honoré. M. Poiret a généreusement prêté le local, voisin de l'Élysée et du Ministère de l'Intérieur. M. Léonard Rosenthal a tout aménagé, tout adapté avec précision aux fins précises qu'il se proposait. Il a su trouver une collaboratrice de grand mérite : Mme Cruppi, qui, de son action méthodique et soutenue, l'a secondé dans sa philanthropique entreprise. Elle a, dans l'application, montré comment on doit organiser, ménager le temps, tenir compte des aptitudes, s'adapter aux nécessités économiques, défendre les intérêts des édudiantes que le malheur force à chercher un gagnepain. Elle s'est transformée en chef d'atelier et en éducatrice sociale. Elle est entrée profondément dans la pensée de M. Rosenthal et l'a réalisée dans l'École Rachel qui fait honneur à l'initiative privée et qui montre aux théoriciens de l'enseignement professionnel la voie à suivre pour préparer vraiment « l'Après-Guerre ».

Qu'ont voulu, qu'ont obtenu Mme Cruppi et M. Rosenthal ?

Leur dessein a été de pourvoir les Veuves de Guerre d'une profession vite apprise et suffisamment rémunératrice.

Il fallait donc sortir des sentiers battus. Couturières, modistes ne manquent pas. L'étude du marché, une enquête serrée de près sur les offres et demandes d'emploi, a établi que certains vides laissés par la guerre dans la main-d'œuvre, pour des spécialités peu connues, pouvaient être comblés par les Veuves Guerre. Et vite on a découvert d'habiles ouvrières, qui ont bien voulu encadrer les recrues, les former, les initier au détail de la profession choisie.

Trois ateliers sont déjà ouverts; dans l'un, que dirige Mme Barbier, je trouve seize jeunes femmes, toutes vêtues de deuil, qui s'exercent au garnissage d'appareils orthopédiques. Elles piquent, collent, cousent cuirs et étoffes sur des jambes artificielles. Victimes morales de la guerre, elles soulageront d'autres victimes matérielles. Les progrès sont rapides. En un trimestre, en un semestre au plus, les apprenties seront ouvrières et obtiendront un gain d'environ six francs par jour.

Dans une salle à côté, Mme Bougnaux instruit quatorze bobineuses qui, surveillant moteurs et machines, enroulent des fils électriques autour de petites bobines pour récepteurs de téléphone, de télégraphe. Ronrons et trépidations vont leur train. Les yeux guettent le nombre de tours faits par le fil et qu'il ne faut pas dépasser. L'attention est en éveil. Là aussi, l'initiation aux secrets du métier est rapide. Bientôt la promotion pourra passer de l'atelier scolaire à l'atelier industriel et touchera une paye moyenne de quatre à cinq francs par jour.

Une pièce voisine, largement éclairée, sert de classe aux retoucheuses de photographies, qui sont divisées en trois catégories, selon qu'elles retouchent sur cliché, sur papier, ou bien font l'agrandissement. L'apprentissage est plus délicat. Il suppose la connaissance préalable du dessin. A côté des veuves, car il ne s'en est pas présenté en assez grand nombre sachant manier le crayon, l'on a fait place à d'autres disciples, tout heureuses de recevoir, au « Salon de

Jouvence », les précieuses leçons de Mlle Cuminal. Et bientôt de l'école Rachel sortiront des artistes, rendant jeunesse et beauté, prenant victorieusement la place que des Austro-Hongrois, qui semblaient avoir accaparé cette spécialité fort lucrative, monopolisaient à Paris.

Mme Cruppi, qui me guide à travers les ateliers, me dit que deux salles sont encore inoccupées. L'une sera bientôt un atelier de prothèse dentaire.

Dans un avenir prochain, l'école Rachel comptera cent élèves.

École de guerre, elle survivra à la guerre. M. Léonard Rosenthal a en effet l'intention de faire construire une école professionnelle féminine, à Montrouge, dans des terrains où déjà il a installé une école de mutilés.

L'école Rachel fait œuvre novatrice. Il faut espérer qu'on saura l'imiter en province. Des infortunes seront soulagées. Et une aide effective sera prêtée à des industries touchées par la guerre et auxquelles s'ajuste en perfection la main-d'œuvre féminine.

LA BELLE ÉCOLE

J'ai vu un jour une belle école et une bonne école. Et c'est peut-être la meilleure école et la plus belle que j'aie vue.

C'était dans une petite cité du Sud-Ouest, classée comme ville parce qu'elle est sous-préfecture, mais, au vrai, gros bourg enfoui dans la verdure.

L'école, située à l'extrémité de la Grand'Rue qui

traverse le grand village, ne se distinguait par rien de spécial des autres écoles qui sont construites à peu près partout sur le même modèle, dont la loi devient comme consacrée par les maîtres de l'ennuyeuse architecture scolaire.

Mais cette école banale, cette école sans caractère, avait sa beauté. La tristesse de la façade se dérobait sous les fleurs qui encadraient et la porte d'entrée et les fenêtres, et donnaient à la maison officielle un air de riant et affectueux accueil.

Je traversai le vestibule, deux salles de classe. Point d'élèves.

Me voici dans la cour de récréation qu'ombragent de majestueux platanes formant berceaux. Nulle troupe de fillettes qui jouent, sautent.

Suis-je mystifié?

La cour précède un grand jardin, un verger, un potager. J'y pénètre. Et au fond j'aperçois, tout bourdonnant d'activité, l'essaim envolé des bancs et pupitres et faisant son butin de savoir autour des fruits, autour des fleurs.

Ici l'on s'initie à la greffe, ailleurs on écoute un conseil sur l'art de cultiver la fraise. Quelques fillettes s'occupent de la basse-cour. Il en est qui donnent leurs soins au rucher. Et sous un hangar, gravement, l'on écoute une leçon pratique, une vivante leçon de choses, donnée par l'institutrice qui, devant une baratte, explique aux futures fermières comment, avec propreté, avec un succès assuré, l'on saura faire du beurre qui triomphera sur le marché.

L'économie ménagère appliquée à la tenue de la femme, l'horticulture, le ménage des champs, de la basse-cour sont enseignés à des fillettes qui, demain, regagneront la maison paternelle et qui continueront à vivre la vie rurale, saine et fortifiante, que, par ignorance, tant d'autres ont délaissée, se laissant saisir par la prise décevante des villes tentaculaires.

Et les brevets ? Parfois à X... dans sa corbeille de mariage, une élève met l'élémentaire, voire le supérieur, — car il faut bien céder à la mode, — mais les diplômes sont conquis sans donner dans le surmenage, sans que les candidates visent à devenir de pures intellectuelles.

On combine en harmonie et en mesure d'équilibre, et la fameuse culture générale et la culture du jardin — avec ses annexes et dépendances. Et c'est là de belle et bonne culture dans une bonne et belle école de santé physique et morale, dans une école qui prépare à la vie.

L'ÉCOLE DES ROMANICHELS

« Des bohémiens, troupe bruyante, vont errants... Douce comme l'indépendance est leur nuitée! Qu'on dort bien à la belle étoile!... Cohue, misère, sauvagerie! Mais tout cela est si plein de vie et de mouvement! Fi de notre mollesse inerte comme la mort, fi de notre indolente langueur, monotone comme les chants de l'esclave! » Elle me revient à la pensée, cette poétique invocation de Pouchkine, si poétiquement traduite par Mérimée, en franchissant, après avoir exhibé titres et qualités, en compagnie d'un inspecteur d'académie, la porte d'un couvent de

Capucins que garde, près de Crest, dans la Drôme, un poste de paisibles territoriaux.

Je vais visiter l'École des Romanichels, la plus curieuse peut-être et la plus pittoresque que la guerre ait suscitée. Je vais voir comment on a pu fixer ces errants, comment on essaie d'initier leurs filles, leurs fils à nos idées, à notre langue, à notre civilisation.

Mais d'où viennent-ils, ces bohémiens, dont les enfants sont contraints à renoncer à l'école buissonnière, à s'asseoir sur les bancs d'une école officiellement ouverte pour les abriter? Ce sont : coureurs de grande route, montreurs d'ours, jeteurs de sort et diseuses de bonne aventure, vagues rétameurs et raccommodeurs de vaisselle, gagne-petit ou bien mendiants, qui, parlant un idiome hétéroclite, composé de cent jargons divers, mais où le bas allemand domine, passaient leur temps à franchir, dans un sens et dans l'autre, la frontière des Vosges, au pays d'Alsace. Douaniers, gardes-forestiers, soit français, soit allemands, jouaient avec eux comme à la raquette, usaient de mille ruses pour les rejeter sur les terres du voisin.

Troupe pittoresque à la peau bistrée, aux cheveux noirs crespelés, aux yeux de flamme, drapée dans des haillons, trainant dans des roulottes sa fière misère et aussi l'étrange beauté de sa marmaille pouilleuse.

Assemblée bizarre de familles, unies par l'amour des aventures et qui, soudainement, au coup de filet que lança le général Pau dans la première invasion de la plaine alsacienne, fut comme cueillie, puis transportée vers le Midi de la France. Les oreilles surchargées d'anneaux lourds, toujours aux aguets, singulièrement subtiles à saisir les secrets, les grands yeux noirs, à la vision suraiguë, n'écouteront plus, ne furèteront plus, aux abords des camps et des tranchées.

Plus de cent zingaris ont été amenés, de brigade en brigade, groupés, bloqués, dans un vaste domaine rural occupé, avant la loi de séparation, par des religieux. Ils touchent l'allocation régulière, destinée à les faire vivre, puisqu'ils ne peuvent plus exercer ni leur petit métier, ni la mendicité qui les sauvaient de la faim.

Un gestionnaire, — c'est un architecte, — s'occupe avec beaucoup de dévouement d'assurer leur nourriture. Ils couchent, ces nomades, dans des lits, en chambre ou bien en dortoir; il connaissent le repos sur un oreiller qui n'est point cahoté sur les pierres du chemin. Mais interrogez-les. Ils regrettent leur maison errante. Ils ont soif d'espace et d'inconnu.

Tout le jour, ils campent dans le jardin, sur les pelouses ou bien sous les arbres, aux abords du couvent. Là, les hommes et les femmes aussi se promènent inoccupés, ou s'accroupissent, jambes repliées sous le torse. Les femelles comme les mâles aspirent la fumée de courtes pipes et suivent dans l'air les spirales qui s'enfuient. Ils rêvent, sans doute, de la liberté perdue, qu'un jour ils recouvreront, des sapins sous lesquels ils alignaient leurs voitures rapiécées, des tournées fructueuses faites dans les villages familiers, des maquignonnages que demain, après la paix, ils réaliseront sur les ruines.

Autour d'eux, la troupe des enfants s'ébat. Que lui

importe l'internement et la guerre? Pieds nus pour la plupart, filles et garçons entremêlent des rondes, sautent, chantent, cheveux ébouriffés au vent.

Mais le maître donne un coup de sifflet. En rangs, oui, en rangs, et correctement alignée, vite, par trois files, la bande endiablée se forme au commandement.

Et la classe commence, classe qui laisse bien loin derrière elle l'École foraine qui eut son heure de renommée aux boulevards extérieurs. Classe unique en sa prenante originalité.

C'est dans une vaste salle voûtée, aux larges arceaux, et qui fut sans doute une chapelle, qu'écolières et écoliers gitanes sont groupés.

Sur les premiers bancs, les petites, les petits, frères et sœurs souvent, se pressent, attentifs à la leçon. Que de modèles sont là assemblés, qui feraient la joie d'un artiste! Que de purs bronzes florentins en qui palpite la vie! Quelle harmonie dans les mouvements, et quelle vivacité, quelle souplesse, qui se réfrènent d'elles-mêmes, mais avec quel désir de se détendre, de s'élancer! Quelle flamme dans ces regards, et quelles réserves d'intelligence dans ces cerveaux incultes, ignorant de ce que sait l'homme des villes, mais en qui la Nature, par l'emprise de ses merveilles, a gravé le don d'observation!

Au milieu, au fond, les garçons déjà grands, les grandes jeunes filles, aux yeux interrogateurs, aux cheveux noirs où courent des reflets bleus, le buste opulent penché sur les pupitres, écoutent, et avec quelle volonté d'attention curieuse et comme fascinée, le Maître.

Le Maître est un tout jeune homme. Tout entier à l'accomplissement de son devoir, insensible à l'étrangeté du cadre, il impose son enseignement et sa discipline.

Il écrit des mots au tableau, les sépare en syllabes, puis sur un appel du doigt, fait épeler à l'unisson Gypsies et Romanis. La réponse résonne brusquement, en une poussée de sons gutturaux, s'exerçant à rendre les vraies intonations des vocables. Puis ce sont des interrogations isolées, et, sans broncher, grands et petits se plient, sérieux, obéissants, à la forte volonté de l'instituteur.

Quel est ce maître, encore imberbe, qui soumet à l'ordre, à la règle, ces filles et ces fils de vagabonds?

Il vient d'Alsace, lui aussi. Il était élève à l'École normale de Colmar. Il a été pris dans la rafle qui a jeté en France quelques milliers de prisonniers civils. Une commission spéciale a rangé les uns en « suspects », les autres en « amis de la France ». Il a obtenu la carte tricolore, octroyée à qui donnait des gages suffisants de loyalisme.

Après avoir passé, avec 13 autres futurs instituteurs d'Alsace, quelques mois à l'École normale de Privas, il a été choisi, pour ses qualités de méthode, pour la fermeté de son caractère, comme professeur chargé d'enseigner les Romanichels. Et comme il sait l'allemand, comme il est bon musicien, et comme il a vite pris de l'autorité sur ses nerveux et frémissants disciples, il a réussi en perfection dans ce milieu où, très crânement, il exerce sa mission éducative.

Même la difficulté de la tâche lui plaît, l'attire. Il s'ingénie à chercher les procédés qui amènent ses élèves à de rapides et sûrs progrès. Sans doute, il leur apprend un français qui est prononcé à l'allemande. Mais on est dans le Midi. Qui pourrait s'y montrer difficile pour l'accent? Et il a, ce pédagogue par vocation, un entrain, une conviction qui emportent tout. Baguette en main, campé droit devant son auditoire, roide et tout d'une pièce, il commande la leçon, comme il commande l'exercice, impérieusement.

Nouveau geste, nouvel ordre sec et court. Les petits bohémiens se lèvent, ils chantent. D'abord, c'est une page de solfège à deux parties. Puis la *Marseillaise* s'envole, ardente, vers les hautes voûtes. Les notes sont nettes, justes, vigoureuses, nuancées aussi. Le sens de l'harmonie est inné chez ces chanteurs qui, à la veillée, mêlent leurs voix à celles de leurs pères, de leurs mères.

Et quand tombe la nuit, dans le camp de bohémiens, des mélopées retentissent, tantôt tendres, tantôt stridentes et sauvages, qu'accompagnent des flûtes, des violons, des guitares, des castagnettes et des tambours de basque, maniés par d'étranges musiciens, ignorant tout de la musique, mais qui, emportés par un instinct atavique, retrouvent des airs d'autrefois ou bien se lancent en de merveilleuses improvisations. Et tandis que les chants s'entremêlent aux sons, des couples dansent, légers et souples, aux rayons de la lune encadrant sa clarté aux murs du couvent, et que bientôt, eux, ses contemplateurs, admireront pendant les nuits d'été, quand il leur sera permis de reprendre leur marche vers les libres horizons.

VERS LA BONTÉ

J'ai assisté en Savoie, dans une école de jeunes filles sise dans une petite ville, à une scène charmante. Sur le seuil de la classe, je m'arrête net, saisi par l'originalité jolie d'un spectacle inattendu, plein d'adorable puérilité.

Les enfants chantent une de ces entraînantes chansons du bon poète Maurice Bouchor, où, sur un vieil air, il dit la nature luxuriante, les monts, les lacs des Alpes. Elles chantent juste, avec un certain art des nuances, surtout avec une conviction émue. La sincérité du sentiment se lit à fleur de peau sur les visages. Les yeux des chanteuses sont tout brillants de joie fière, les fronts tout rayonnants de clarté intérieure, quand les lèvres, s'exerçant aux délicatesses du verbe et de la note, célèbrent la beauté du ciel, la splendeur de la verdure, le triomphe de la neige encadrant prés et forêts.

Mais de surprendre un chœur de jeunes filles, fût-il excellent, dans une salle d'école, ce n'est pas phénomène à provoquer l'étonnement chez un vieux maître qui a beaucoup voyagé et qui, au Nord, au Midi, a entendu souvent des voix fraîches d'écolières exaltant, ou la nerveuse Provence, ou la grasse Normandie, ou la Flandre industrieuse.

Ce qui fait la nouveauté de l'audition, c'est que, tournoyant gentiment au-dessus des chanteuses, des hirondelles semblent prendre un ardent plaisir à entendre les écolières. Elles vont, viennent, rasent de leur aile les cheveux blonds ou bruns des fillettes, se laissent bercer par l'harmonie dont montent vers elles les ondes tantôt précipitées, tantôt apaisées. Elles n'interrompent d'aucun petit cri l'hymne, dont le ton serait faussé par une note aiguë.

Parfois elles vont à leurs nids qui sont juchés, l'un dans un angle de la vaste pièce, l'autre entre les deux fenêtres grandes ouvertes, par où entre largement le soleil. Elles pourraient s'enfuir, chassées par la musique qui, vraiment, pour elles, devrait être du bruit un peu plus désagréable qu'un autre, comme disait Théophile Gautier.

Mais elles sont habituées à assister à la leçon de chant. Sont-elles dehors? Elles rentrent en hâte et de leur vol, preste et circulaire, de leur tournoiement plein de fantaisie, semblent encercler les phrases chantantes. Et c'est chose charmante que de voir oiseaux et fleurs vivantes fraterniser dans la lumière et dans l'harmonie.

Les strophes sont terminées. Je remercie les petites chanteuses et je les félicite d'avoir apprivoisé de si aimable façon les hirondelles « leurs sœurs ».

J'apprends par l'institutrice que, depuis longtemps, les fidèles migratrices font leur nid dans la classe, que les enfants ont, pour les frêles abris de paille et de terre glaise, mille jalouses attentions, que chaque printemps, les hirondelles sont d'une scrupuleuse exactitude au rendez-vous. Elle m'apprend qu'élèves ailées et disciples penchées sur le livre font excellent ménage et que la leçon de choses, ou plutôt de vie prise à l'école, produit son effet ailleurs, et en perfection. Frères et sœurs des fillettes, par émulation, par imitation surtout, respectent les nids, protègent les petits oiseaux si justement chers à M. Cunisset-Carnot.

Je revois peu après mon essaim de petites chanteuses. Cette fois, elles chantent, en traversant un couloir qui mène à la cour de récréation, ombragée et invitante. Car on chante maintenant dans les écoles de France, quand on fait des « mouvements », ,quand on sort des bancs, quand on rentre en classe et même aux beaux jours, en exerçant des rondes, on chante sous les arbres... Les hirondelles ont suivi leurs compagnes aimées. Elles plongent, redressent le caprice léger de leur vol au-dessus de la théorie harmonieuse, ajoutent la poésie de la ligne à la poésie du son.

Je sors de l'école tout rêveur, associant dans mon souvenir écolières et hirondelles. Dans une rue, surprise nouvelle.

Je croise les fillettes qui s'en vont deux à deux : « Voilà, direz-vous une belle merveille! » Le spectacle est banal. Et depuis des milliers d'années, sous l'œil des pédagogues, les enfants vont deux par deux.

Comme s'en vont les vers classiques et les bœufs.

Mais ce qui ne se fait pas partout, c'est que les fillettes vont deux à deux, une grande donnant la main à une petite, c'est que la grande veille sur la petite confiée à sa garde, la conduit malgré bicyclettes affolantes et homicides autos, jusqu'à son quartier, même jusqu'à sa porte.

En effet, dans l'école de X..., si l'on apprend à aimer les bêtes, on apprend aussi à s'aimer, à s'associer entre enfants d'une même génération, d'une même « petite patrie », et qui sont destinés à suivre même route dans la vie.

Et il va de soi que ces fillettes ont appris à se secourir aux jours de maladie et d'infortune. Elles pratiquent l'entr'aide mutualiste, la solidarité des intérêts et des affections. Elles ont compris la beauté et l'utilité de la doctrine fraternelle qu'enseigne l'école nationale.

Car tout se tient et s'enchaîne dans l'apprentissage de la douceur et de la bonté intelligente.

L'éducation du sentiment ne peut être isolée et fragmentée. Qui lui fait sa part, est obligé de la lui faire large et bientôt complète. La bonté exerce son influence sur toute l'âme, s'étend à « toute la nature » animée.

La protection de l'oiseau conduit à la protection mutuelle des êtres humains.

POUR LA MAISON D'ÉCOLE

Il est d'usage, chez nous, de proclamer que l'on a appauvri le budget pour édifier de coûteux et merveilleux palais scolaires. Toute école qui est un peu plus grande qu'une ordinaire maison de bourg ou de ville se hausse et s'élargit, dans la légende imaginée par la passion politique, en Monument aux proportions fantastiques, au luxe étincelant, en féerique Château de l'Enfant-Roi logé princièrement aux frais de la princesse.

Or, depuis dix ans environ, éducateurs professionnels et volontaires, amis de l'école et gens de métier, administrateurs de villes et profanes, grâce aux voyages dont le goût s'est répandu, grâce aux expositions, aux congrès internationaux, ont pris contact avec l'Angleterre, l'Allemagne, la Suisse, la Belgique.

Certains d'entre eux ne croyaient déjà pas, et pour cause, aux fameux palais scolaires, car ils avaient pu voir en quelles masures, en quels taudis, dans vingt départements de montagne, écolières et écoliers sont emprisonnés par des municipalités que ne touchent guère les justes plaintes de l'administration universitaire et les objurgations des congrès, fussent-ils d'hygiène scolaire.

Ces enquêteurs improvisés ont pu, au dehors, comparer la maison d'école étrangère et la maison d'école française. Ils ont vu l'école anglaise claire, saine, riante en son décor de verdure, se dresser au-dessus de pelouses et d'espaces de jeux; l'école allemande, fière de son confort, riche d'un salubre et solide aménagement, armée de classes scientifiquement cubées et aérées, où l'enfant bien assis, bien chauffé, outillé pour le travail, se sent chez lui, à l'aise, prêt à accepter les disciplines du maître; l'école suisse, chef-d'œuvre de méthode, où triomphe l'adaptation à des fins précises et minutieuses, et qui constitue un milieu de vivante émulation, où l'utile se relève de grâce aimable et accueillante; l'école belge coquette, gaie, avenante, avec son mobilier modern-style, sa curieuse décoration murale et florale, avec sa parure de jardins d'enfants, ruche active, disposant ses alvéoles autour du hall, de l'Aula, du

Rayon central où la famille, auprès de l'instituteur, auprès de l'enfant, a sa place, en plein cœur de la demeure d'amitié, pour les fraternelles assemblées.

Ils ont eu, ces voyageurs en tournée sociale, des visions et spectacles, ils ont reçu des leçons de choses dont ne pouvait certes pas s'enorgueillir leur amour-propre national. Car ils se sont reportés par la pensée aux bâtisses froides et laides, aux ennuyeuses écoles-casernes qui déshonorent les villes, aux écoles-cages qui attristent les villages.

C'est à peine s'ils peuvent opposer aux palais scolaires qui existent vraiment à l'étranger quelques rares spécimens d'écoles intelligemment jolies, à Paris, au Havre, où s'érige l'école Bleue, à Amiens où les Bancel et les Frédéric Petit, retour de Genève, ont compris le rôle social que l'on devait donner au préau dans l'école.

L'on se rend compte que l'école, en France, doit se moderniser, cesser d'avoir l'air revêche et maussade, l'apparence étriquée et repliée que le plus souvent elle revêt, qu'il faut donner chez elle à la Science, à l'Hygiène, la place qui leur revient, la rendre hospitalière à l'art, ouvrir ses fenêtres sur la nature, que, dans la construction de la maison d'école, il est nécessaire de s'inspirer du milieu, de viser à l'utile et au pratique en ne négligeant pas le beau. Car l'enfance populaire a droit à ce qu'on forme en elle le goût, à ce qu'on l'entoure, à ses débuts dans la vie, d'un peu d'idéal.

Critiques et plaintes n'ont pas manqué de se produire à la suite du parallèle que l'on a été forcé d'établir entre les maisons d'écoles chez nos voisins et en France.

Mais mieux vaut agir que se lamenter et récriminer.

N'est-il pas possible que la Ligue française de l'Enseignement, que l'Art à l'école, que les villes, combinant leurs efforts ouvrent un concours entre architectes pour établir des types d'écoles qui tiennent compte des progrès réalisés à l'étranger?

Non qu'il faille donner dans l'uniformité de modèles exclusifs, imposer des plans rigides et fixes.

Mais pour l'école de demain, qui doit comprendre et vastes cours et jardins-terrasses, et gymnases et cantines spéciales, et salle de conférences et préau couvert, pour l'amicale, pour le patronage, pour les unions familiales, et bains-douches, et atelier, les grandes lignes doivent être indiquées et aussi les détails d'installation, avec de suffisantes précisions pour que constructeurs et entrepreneurs rompent avec des habitudes vieillies et entrent dans la pensée de l'architecture scolaire qui convient à la santé intellectuelle et physique de l'enfance.

C'est une tentative qui s'impose et qui amènera une nécessaire réforme. A l'user, on s'apercevra vite qu'à mettre écolières et écoliers dans un séjour qui les retiendra, car ils l'aimeront, l'instruction et l'éducation trouveront leur compte.

DANS UNE ÉCOLE PARISIENNE

L'effort de bonté, de pitié, d'entr'aide en faveur des victimes que fait la guerre se poursuit, d'un élan continu, depuis deux ans et demi, dans toutes les écoles de Paris et de la Seine[1].

Son rôle qui est de consolation et de réconfort, sa tâche secourable, l'école les a compris, les a accomplis dès le début. Qui se fera l'historien, l'annaliste plutôt des services rendus par les maîtres, les maîtresses, les écolières, les écoliers, à Paris, pendant la grande épreuve ? Quel livre d'or on pourrait dédier au travail et au dévouement des enseignants et de leurs disciples ! Quelles merveilles de générosité matérielle et morale n'ont-ils pas réalisées ! Ils recueillent pieusement le souvenir des héros morts. Ils méritent qu'on recueille aussi le souvenir du travail, des sacrifices qu'ils se sont imposés, de tout ce qu'ils ont imaginé d'ingénieux, de touchant, de délicat pour alléger l'infortune, pour soutenir le courage. Il faut espérer qu'une anthologie contenant pièces et documents sera composée. Ce sera de la morale et du patriotisme en action où l'enfance et l'adolescence qui connaîtront les douceurs de la paix pourront puiser de nobles et de généreuses leçons.

Voulez-vous me suivre dans une école ? Je la choisis comme je pourrais en choisir des centaines, car partout chaque classe a fait de la guerre « son centre d'intérêt ». Elle n'est pas dans un quartier riche. Elle est sur les hauteurs d'un arrondissement ouvrier et populeux, en plein Charonne, dans une rue où les cheminées d'usines emmêlent leurs panaches de fumée tant les ateliers sont rapprochés.

Dans le préau, des tableaux, décorés avec art, at-

1. On peut évaluer à un total de trois millions les versements des écolières et écoliers parisiens depuis août 1914.

tirent l'attention du visiteur. L'un d'eux encadre les noms des anciens élèves et des maîtres morts au champ d'honneur, un autre les citations et promotions. Par une heureuse pensée, l'on a fait leur place et leur part aux pères des élèves pour leur montrer que l'école est étroitement unie à la famille. L'innovation est ingénieuse et singulièrement émouvante. Les veuves sont reconnaissantes à l'école de l'hommage rendu à leur mari. Des documents sont également exposés aux regards : appel pour la collecte de l'or, pour les emprunts, résultats obtenus, etc...

Dans le cabinet du Directeur, M. B..., trois cahiers de guerre sont rédigés et soigneusement tenus à jour. C'est une sorte de Mémorial où sont relatés tous les actes par lesquels l'école a manifesté sa collaboration à la guerre.

Feuilletons ces humbles pages, d'où toute phraséologie inutile est exclue. Que d'idées ingénieuses nous y découvrirons. Là est l'âme de l'école, et comme dans un microcosme l'âme de toutes les écoles, et celles des villes et celles des villages et des hameaux. Là est résumé le geste fait chaque jour par les petits enfants de France pour leur mère, la patrie, qui s'est adressée à leur cœur.

Le premier cahier a pour titre : l'école et la solidarité par la guerre. Il porte comme épigraphe ces mots d'Edmond About : « Nous sommes les héritiers de tous ceux qui sont morts, les associés de tous ceux qui vivent, la providence de tous ceux qui naîtront. »

Des rubriques très nettes permettent de se rendre compte des résultats obtenus.

Le premier cahier s'ouvre par un chapitre sur la fraternité et l'école. J'avais remarqué dans les classes, sur la chaire, une petite boîte, une tirelire, qui y est déposée en permanence. J'apprends que chaque jour les élèves remettent leurs dons volontaires à leurs maîtres respectifs. Tous les camarades ignorent la valeur de l'obole pour qu'aucun sentiment de vanité ne soit développé dans la petite république enfantine.

Le dernier samedi de chaque mois, le directeur, M. B..., annonce à tous les élèves réunis au préau la somme totale recueillie en quatre semaines. Il détaille aussi l'emploi des fonds, emploi vérifié par les grands écoliers du Cours supérieur qui signent sa comptabilité.

Une partie du cahier est consacrée à « la solidarité nationale et l'école ». Dans cette école de Charonne, comme dans toute la France scolaire, on a souscrit des titres de rentes et le revenu, là comme la plupart du temps d'ailleurs, est affecté à l'Œuvre des Pupilles, orphelins de guerre, qu'aide la fraternité de leurs condisciples. L'école, qui s'était engagée pour deux cents francs par an vis-à-vis de l'Œuvre, en peut offrir deux cent soixante-six. Sur trois cents élèves, elle compte onze orphelins dont six ont pu être adoptés par l'institution.

La troisième partie a pour sous-titre : la pitié agissante. Elle contient la liste des vêtements offerts au Comité hispano-américain pour les Français des pays occupés par l'ennemi, le total des recettes effectuées dans les classes pour les huit Journées déjà organisées.

Le deuxième cahier est intitulé : l'école à l'honneur.

L'épigraphe est d'Alfred de Vigny. L'honneur, c'est la conscience, mais la conscience exaltée.

Les feuilles contiennent les citations à l'ordre du jour : 1° des instituteurs ; 2° des anciens élèves ; 3° des pères des élèves actuels ; 4° des frères des élèves actuels. Le texte est donné intégralement.

Le troisième cahier porte comme inscription : l'école et l'enseignement par la guerre.

M. Léon Bourgeois a fourni la devise : « du plus grand mal, la guerre, il faut chercher à faire sortir le plus grand bien possible. »

Le manuscrit contient le sommaire des leçons données par le directeur, M. B..., le plus souvent au préau couvert, tous élèves réunis. Je suis convaincu qu'aucun des trois cents enfants auxquels s'adresse la parole du maître n'oubliera les séances où il les a associés, avec une simplicité si émouvante, aux douleurs, aux espérances de la patrie.

Longue est la liste des causeries faites devant l'auditoire profondément attentif et recueilli. De semaine en semaine, on y pourrait suivre l'histoire même de la guerre. J'en détache quelques faits caractéristiques s'ajustant à la vie de l'école.

Le 30 septembre 1914, M. B... signale et commente la mort de M. Ladousty, instituteur tué à l'ennemi. Il résume la bataille de la Marne. Le 30 octobre, la réunion des élèves a lieu au Père-Lachaise. On y dépose trois gerbes de fleurs, pour l'instituteur, pour les anciens élèves, pour les pères et les frères des écoliers, pour tous ceux dont les corps gisent dans la zone des batailles, pour ceux dont la tombe est inconnue. M. B..., avant le départ pour la nécropole, explique aux enfants les raisons du geste symbolique qu'ils vont faire. Le 23 décembre, le cercle des assistants s'élargit dans le préau. Les parents sont conviés au Noël des réfugiés.

Les élèves disent des récits patriotiques, exécutent les hymnes nationaux français et alliés, après avoir écouté, debout, l'hommage adressé par le Directeur aux morts de l'école. Un jouet est remis à chacun des trois enfants réfugiés qui suivent les cours de l'école, en même temps qu'une lettre rédigée par un élève du Cours supérieur. Veut-on le texte d'une d'entre elles?

« Cher camarade,

« Lorsque, chassé par les barbares allemands, tu es venu te réfugier à Paris, nous t'avons accueilli comme un ami, comme un frère.

« Tous, nous t'aimons bien, parce que tu représentes pour nous le malheur de la patrie envahie.

« Nous souhaitons ardemment que la guerre finisse vite pour que tu puisses regagner ton pays bien-aimé.

« Nous sommes heureux de profiter de cette fête de Noël pour t'offrir, avec ce petit cadeau, gage de notre amitié, cette lettre qui te rappellera l'affectueux souvenir de tes camarades de la rue... »

(Suivent les signatures : 1° de l'auteur de la lettre; 2° des élèves du Cours supérieur; 3° du Directeur de l'école et du maître de la classe.)

Mais voici, en abrégé, le programme de l'année 1915-1916. On y verra quelle est la pénétration de la vie nationale dans la vie scolaire.

8 octobre 1915. Première leçon : appel pour les versements d'or.

30 octobre 1915. Le culte de nos morts. — Au Père-Lachaise (comme en 1914).

25 novembre 1915. Lecture de lettres de nos anciens élèves Meyers A. et Nicolle R.

8 décembre 1915. Causerie sur l'emprunt.

23 décembre 1915. Le Noël de nos orphelins et de nos réfugiés. — Pose au préau d'un cadre : A nos morts.

30 décembre 1915. Lecture de la lettre d'un ancien élève Coquard M.

7 janvier 1916. Lecture d'extraits de sermons allemands.

18 janvier 1916. Causerie sur l'œuvre des pupilles.

12 février 1916. Appel en faveur des Français des régions envahies.

25 mars 1916. Lecture d'une lettre de notre instituteur, M. M..., et d'une lettre de M. R..., soldat, père de deux élèves.

5 août 1916. La distribution des prix. — Notre hommage aux morts de l'école; salut aux blessés; nos souhaits à ceux du front.

Le premier trimestre de l'année 1916-1917 n'est pas rempli de leçons moins suggestives.

L'école continue à enseigner la Patrie.

6 octobre 1916. Première leçon : le second emprunt.

31 octobre 1916. Le culte de nos morts. — Au Père-Lachaise (comme en 1914 et en 1915).

15 novembre 1916. Adoption d'un filleul.

16 décembre 1916. La nouvelle victoire de Ver-

dun. — Rappel des citations à l'ordre du jour, affichées au préau.

19 décembre 1916. La collecte de « miséricorde » en faveur des petits Belges et des petits Français des pays envahis.

Souvent aux séances sont lues et commentées des lettres d'anciens élèves qui remercient des envois qui leur sont faits : colis ou mandats. Une correspondance continue est échangée entre les jeunes et les aînés. Je recopie une de ces épîtres, où s'affirment, comme en tant d'autres, l'influence exercée par l'école sur ceux qu'elle a formés dans le culte de la patrie et les sentiments de reconnaissance qu'ils éprouvent envers leurs éducateurs.

« Mon cher petit ami,

« J'ai lu avec une grande joie la gentille lettre que tu m'as adressée. Permets-moi de te féliciter des bons et généreux sentiments dont tu fais preuve et de te remercier bien vivement du mandat qui était joint à la lettre.

« Si tu savais comme je suis heureux de voir que, là-bas, dans notre bonne ville de Paris, on ne nous oublie pas, si tu savais comme c'est réconfortant.

« Va, petit écolier, travaille bien, tu représentes la génération future, et nous nous battrons pour que tu sois heureux, pour que tu vives dans une France plus belle, plus grande, pour que tu n'aies jamais à souffrir de l'ambition de nos voisins.

« Avant toi, petit, sur les mêmes bancs que toi, M. B... m'a appris à aimer la France ; il m'a expliqué ces mots : courage, dévouement, abnégation, et je me suis souvenu de la leçon. Fais comme moi, et si dans la lutte, je devais succomber, pense de temps en temps à moi, sans amertume, avec le seul regret de n'être pas assez grand pour venir prendre ma place.

« Je sais bien par avance que ces sentiments-là sont les tiens et ceux de tes petits camarades et nous sommes fiers, nous tous, de vous défendre, France de demain.

« Bientôt sans doute, nous reviendrons définitivement et ce jour, j'espère avoir le grand plaisir de te connaître mieux.

« Jusque-là, sois tranquille, nous faisons un mur inébranlable et l'ennemi n'ira jamais plus loin.

« Je te charge de présenter mes amitiés respectueuses à M. B... et de le remercier. J'espère que tu t'acquitteras bien de la commission.

« Mon petit ami, je t'embrasse bien affectueusement.

« R... N... »

C'est ainsi que « vivent la guerre », dans l'école, de petits Parisiens des faubourgs. Et les exercices scolaires ne sont pas interrompus, et l'on prépare le certificat et les examens qui ouvrent l'entrée des Écoles supérieures.

Même je me suis laissé dire, puis j'ai constaté sur les registres, car j'ai d'abord cru à un pénible et dérisoire paradoxe, que dans certains groupes scolaires, la fréquentation s'améliorait depuis le début de la guerre.

Il est vrai que la cause du progrès est plutôt attristante. La mère est à l'atelier de guerre. Le charbon est rare et cher. C'est à la garde de l'école que l'enfant est confié, — surtout aux jours d'hiver. La cantine n'a-t-elle pas d'ailleurs été toujours l'auxiliaire de l'école? Si le poêle exerce aussi son pouvoir d'attraction, c'est chose naturelle. Et si les Caisses des écoles, aux jours de crise, distribuent chaussures et vêtements chauds, permettent à l'école d'être un foyer d'action et de réconfort, elles jouent leur véritable rôle et font œuvre de patriotisme pratique. C'est aider la mère à « tenir » que d'aider l'enfant.

IV

PETITS PLAIDOYERS

POUR LA CULTURE PHYSIQUE

C'est une scène vraiment nouvelle de la vie scolaire. La leçon est terminée. Sans doute l'on va passer à un autre exercice fixé par l'horaire?

Mais un élève sort de sa place, va ouvrir toutes grandes les fenêtres. Puis tous les écoliers quittent les bancs et, au commandement de l'institutrice — car c'est une jeune femme qui dirige la classe — se livrent à des mouvements rythmiques, méthodiquement réglés. Ils se courbent, se redressent, fléchissent, tendent bras et jambes, respirent à fond d'après les procédés des plus savants que recommande l'Académie de médecine. Et chaque jour, matin et soir, il en est ainsi. Après chaque heure de travail intellectuel, dix minutes sont consacrées au travail musculaire. C'est l'ordre et la marche, et le règlement.

Je retrouve même organisation, où que j'aille dans le même département.

A l'école primaire supérieure des jeunes filles, la leçon d'histoire achevée, commence l'intermède obligatoire, avec mouvements variés et, tout le jour, les intervalles des classes seront remplis par des exercices prévus, préparés, exécutés avec une ponctuelle régularité.

Ainsi l'a voulu, et à raison, l'inspecteur d'Académie de la Drôme, M. Henry Martin, qui s'est souvenu d'un arrêté du 8 août 1890 prescrivant que, dans les écoles, « le temps consacré chaque jour aux exercices physiques doit être de deux heures ».

M. Henry Martin, qui sait quels services l'école publique peut rendre à l'enfance en s'orientant vers l'éducation physique, a décidé, depuis janvier 1916, que dans tous les établissements d'instruction du département, des exercices dont il a arrêté le détail avec soin, auraient leur place marquée à l'emploi du temps et seraient quotidiens.

Dans une lettre adressée aux institutrices et aux instituteurs, il écrit : « Songez qu'il faut combattre les effets quotidiens de l'immobilité en classe et de l'attention un peu prolongée : l'élève qui écrit ou qui nous écoute « en suspendant sa respiration », la fillette qui coud ou tricote, n'emplissent leurs poumons qu'à moitié, il y a des vésicules pulmonaires qui ne se dilatent jamais : prenons garde ! »

M. Henry Martin connait et prévoit les objections. Il les réfute, non sans porter un coup droit : « Je sais bien que ces exercices comportent de la part des élèves de la contrainte et de l'attention, qu'ils ne sont pas « amusants ». Mais quoi ! l'enfant n'est pas en classe pour s'amuser. D'ailleurs, il se rattrapera tout à l'heure. L'exercer à l'effort organique, effort mesuré à ses faibles moyens, c'est déjà le préparer à l'effort intellectuel et à l'effort moral. Vous aiderez les paresseux à secouer leur mollesse. Gardez-vous de donner raison à cette boutade du Dr Tissié : « Il n'y a pas d'enfants mous ; il n'y a que des maîtres qui ne veulent pas se déranger. »

La pensée de M. Henry Martin a été comprise par ses collaborateurs, persuadés, eux aussi, que l'avenir de la race dépend des habitudes prises à l'école pour la défense de la santé.

Et voilà pourquoi, de Die à Valence, de Romans à Crest, dans les villes et villages, six fois par jour, et dix minutes chaque fois, sans rien d'acrobatique, de brusque, de violent, des mouvements réglés sont exécutés lentement et rendent à des milliers d'enfants la respiration profonde et ample, élargissent l'appareil pulmonaire, les disposant ainsi à résister aux maladies.

Mais ce qui a été fait dans la vallée du Rhône ne pourra-t-il être réalisé ailleurs ?

Il ne s'agit pas de se procurer de coûteux appareils. Il ne s'agit pas de sport dont la pratique serait prématurée à l'école élémentaire et qui découragerait les bonnes volontés par la perspective des responsabilités que la loi fait si lourdement peser sur les instituteurs. Les mouvements élémentaires exécutés dans l'école ne comportent aucun danger.

Allons ! ouvrons les portes et les fenêtres — et les poumons aussi ! L'heure est propice pour transformer en réalité vivante ce qui est simplement lettre morte, quoique légale.

L'école peut donner une préface à la loi projetée sur l'obligation de l'éducation physique avant l'entrée au régiment. L'adolescence sera d'autant plus apte au métier des armes que l'enfance aura été mieux préparée.

POUR L'AVENIR DE LA RACE

La préparation militaire a triomphé au Sénat. Il fallait aller au plus pressé. Les futures recrues seront soumises à un méthodique entraînement dans les formations qu'ont instituées les sociétés présidées par MM. A. Chéron et Lattès.

Mais n'est-il pas logique de faire, dans une loi prochaine et nécessaire, qui ne soit pas seulement de circonstance, leur place et leur part aux sociétés de gymnastique et aux sociétés de sports, ainsi que le réclame avec une précise sûreté de vue M. Henry Paté?

C'est de toute la culture physique qu'il convient de s'occuper. Un bon gymnaste, un bon coureur, un solide et adroit lanceur de poids fera un meilleur soldat qu'un conscrit dégrossi par une préparation forcément précipitée.

Dès l'adolescence, il convient de faire d'une façon systématique l'éducation du corps, car les études, la vie enclose au bureau, à l'atelier, sont destructrices de la force et de la santé.

Déjà les sociétés de gymnastique ont élevé des objections, et justement, contre une loi de généreuse inspiration certes, mais qui est comme étriquée. Déjà, les sociétés de sports athlétiques réclament en faveur d'une loi large, compréhensive, qui ne procéderait pas par dispositions fragmentaires. Il ne suffit pas de connaître le maniement des armes pour faire un soldat servant utilement la Patrie. Il faut que par un lent, par un précis apprentissage, on ait acquis assez de résistance musculaire pour vivre dans les fatigues, les privations qu'impose la guerre nouvelle.

C'est une éducation saine et virile donnant vigueur et souplesse à l'organisme que l'on doit à la jeunesse populaire, comme on lui doit la part à laquelle elle a droit de formation professionnelle et de culture générale.

On lui impose le devoir de recevoir l'instruction militaire avant d'entrer au régiment. Cela est nécessaire à une heure de péril et cela demeurera indispensable encore demain.

Mais que ne lui impose-t-on aussi, en profitant des circonstances, tout le programme d'hygiène, de mouvement, de travail musculaire qui lui permettra d'échapper à la menace du philosophe qui pèse sur elle aujourd'hui comme hier : « L'humanité s'en va par le cerveau. Elle peut être sauvée par les muscles, mais il n'y a pas de temps à perdre » ?

Peu à peu et par morceaux, par saccades aussi, mais sans vue d'ensemble, on concède à la jeunesse populaire son statut.

On la prépare au service de l'atelier, au service du régiment.

Quand un plan sera-t-il réalisé qui la prépare à la vie du corps et à la vie de l'intelligence, à la vie de la Cité et de la Patrie, à toute la vie dont, après de sanglants spectacles de mort, la génération nouvelle sera éprise éperdument ?

POUR LES PUPILLES DE L'ÉCOLE!

L'Œuvre des Pupilles de l'École qu'a pensée, voulue, réalisée M. Liard, et avec lui un Comité d'universitaires appartenant aux trois ordres d'enseignement, s'étend à la presque totalité des départements. Mais les ressources locales sont variables. Si dans telle région riche, le montant du surcroit fourni par l'école à la pension légale que donnera l'État, aussitôt après le vote définitif de la loi sur les Pupilles de la Nation, peut monter à 80 francs, la moyenne sera de 20 à 30 francs par an et par enfant.

C'est un surplus offert par la solidarité scolaire et qui n'est pas sans importance. C'est une somme modeste qui, versée aux mères, aux tuteurs, recevra souvent un emploi utile.

Pourtant, et à juste raison, dans la Seine-Inférieure, le Comité qui s'occupe des Pupilles de l'école a estimé qu'il devait prendre en mains les véritables intérêts de ses protégés, guider, conseiller les personnes qui se chargent de les élever, empêcher tout gaspillage d'argent, dû à un geste de fraternité. Il a résolu de gérer en partie, d'administrer quelque peu l'offrande collective, d'imposer aux orphelins la pratique de la prévoyance et de les admettre à ses bienfaits.

Sur les vingt francs annuels qu'on peut attribuer aux Pupilles de l'école, l'œuvre a décidé de prélever 5 fr. 20 et d'inscrire d'office les orphelins sur les registres de la Mutualité scolaire.

C'est leur rendre un grand service que plus tard,

quand ils sauront en comprendre l'importance, ils apprécieront à sa vraie valeur.

L'enfant économise pour l'avenir, amorce sa retraite. Dans le présent, s'il tombe malade, il a droit aux secours prévus par les statuts et qui, dans un seul trimestre, représentent douze fois la somme versée pour l'aide mutuelle.

C'est à Yvetot qu'est née l'idée qui a gagné Rouen, puis tout le département.

Le Comité de la Seine-Inférieure a innové encore autrement et de façon pratique, il a affilié les orphelins de guerre à *l'Œuvre du Trousseau* qui, très prospère dans le département, leur permettra, à treize ans, d'emporter des pièces de lingerie et de garde-robe en nombre réduit, qu'elles compléteront jusqu'à dix-huit ans. N'est-ce pas le moyen le plus sûr de leur procurer comme une petite dot? La retenue pour les fillettes sera de 10 fr 40, moitié pour la Mutualité scolaire, moitié pour le trousseau.

C'est là faire œuvre vraiment utile. C'est combiner la bienfaisance et l'apprentissage de l'éducation sociale.

On ne saurait être trop reconnaissant envers M. Doliveux, inspecteur d'Académie de la Seine-Inférieure, et envers ses collaborateurs pour l'initiative qu'ils ont prise. On les imitera sûrement.

D'ailleurs, dans tous les départements, il est un grand nombre d'orphelins de la guerre qu'on ne peut pas ne pas associer à la pratique de la Mutualité, ne pas admettre à en bénéficier.

Ce sont les fillettes, ce sont les garçons que leur père, qui était un prévoyant, avait affiliés à une œuvre dont il connaissait la vertu, les avantages matériels et moraux.

De même qu'on respecte la pensée du père, mort pour la patrie, en laissant l'enfant à l'école librement choisie par lui, de même il faut persévérer dans le geste qu'il avait fait en confiant sa fille et son fils à la Mutualité. Ce sera accomplir comme un devoir de piété reconnaissante que de réaliser sa volonté.

PAR LE PONT MUTUALISTE

— Qu'est-ce que le pont mutualiste ? me demande-t-on de divers côtés? Quels en sont les constructeurs? Qui y passe? Où mène-t-il?

Le pont mutualiste a été imaginé et lancé dans les congrès tenus par la Mutualité française, notamment à Nice, en 1907.

Il a été rendu nécessaire, car il a fallu faciliter le passage des mutualistes scolaires qui, par milliers chaque année, sortent des écoles dans les rangs de mutualités d'adultes.

Sur une rive, les pupilles formés aux idées d'entr'aide dans les « Petites Cavé » étaient rangés. Sur l'autre rive, en face, le gros de l'armée mutualiste attendait. On a jeté un pont par où passent écoliers et écolières qui, de la vie scolaire, entrent dans la vie civique.

Les questions qui faisaient obstacle à l'accession de l'enfance prévoyante dans les cadres réguliers formés par les aînés ont été réglées : abaissement de l'âge, suppression du stage, de tout droit d'entrée, etc.

De la théorie, on est allé droit à la pratique, et je constate avec joie en nombre de départements, que sur le pont mutualiste, comme sur le pont d'Avignon « tout le monde y passe », les petits pressant le pas pour rejoindre les grands.

Je le constate dans les villes, là où il y a des organisations bien dirigées, s'ajustant aux contingences. Là, il y a un accord parfait entre les Comités des scolaires et des adultes, concert d'efforts pour que les institutions se pénètrent et se soutiennent. Les « anciens » laissent aux « nouveaux » la libre disposition de leurs livrets de la caisse des retraites. Ils les admettent soit à treize ans, soit à seize ans.

Ils ne frappent pas d'interdiction les jeunes filles et jeunes femmes. Ils fondent, pour leur faire accueil, des sections de pupilles. Et la mutualité scolaire est dans ces lieux d'élection ce qu'elle doit être : la pépinière des mutuelles d'adultes.

Mais je ne constate pas mêmes résultats dans les campagnes, et pour cause.

Dans les trois quarts des communes rurales, il n'y a pas trace de mutualité d'adultes.

En revanche, la mutualité scolaire existe. Force est bien de prolonger son action. Aussi, fonde-t-on des mutualités de l'adolescence, à forme cantonale. Nul pont n'est à établir. La route est libre !

Je sais bien et j'entends dire que, même dans des villes, la mutualité scolaire, parfois, ne se soude pas étroitement avec la mutualité d'adultes. Des plaintes, voire des récriminations se produisent. On répète : « Les instituteurs ne font rien pour fournir des recrues aux mutualités d'adultes. »

Mais, vraiment, est-ce à eux d'agir? Quand la scolarité est finie, leur rôle se termine, la mission des mutualistes adultes commence.

On veut des adeptes, soit. Qu'on fasse effort pour les attirer, qu'on se procure les listes des élèves sortants, les adresses des parents, qu'on multiplie visites, démarches : nous ne vivons pas dans un temps où quand on veut obtenir un résultat, on puisse se croiser les bras et attendre. Clamer : « Clocher, clocher, arrive ou je meurs! » est bien. Aller au clocher vaut mieux. Comme disait l'autre : « Hercule veut qu'on se remue ! »

Tous les ingénieurs sociaux, les plus habiles, les mieux intentionnés, pourront calculer les courbes les plus savantes des plus beaux ponts mutualistes du monde, le tablier ne servira de rien, si, à l'entrée, on impose un droit de péage et si l'on met des chaînes.

Ce qu'il faut, c'est un peu de bonne volonté, de liant, et de part et d'autre.

Ce qu'il faut, c'est que, là où la chose est nécessaire, on modifie les statuts, pour les mettre en harmonie avec les besoins nouveaux.

Au vrai, combien de telles discussions sont stériles et sans objet !

Écolières, écoliers d'aujourd'hui sont les adolescents, les adultes de demain. Les générations montent, qui, encadrées ou non par les promotions antérieures, se rejoindront toutes et se confondront dans la mutualité nationale.

POUR LE DEVOIR DES AINÉS

Que de fois ne vous est-il pas arrivé d'entendre ce reproche lancé à l'adresse des Mutualités scolaires : « Elles ont été fondées par J.-C. Cavé pour fournir des recrues aux Mutualités d'adultes, et trop souvent les adhérents, à la sortie de l'école, abandonnent et les livrets et l'œuvre » !

Or, ne vous semble-t-il pas que le reproche doive s'adresser plutôt aux Mutualités d'adultes qui ont escompté des entrées automatiques obtenues sans nul effort?

Si vraiment le rôle de la Mutualité scolaire doit s'arrêter dès que l'enfant a quitté la classe et si sa tâche est alors achevée, n'est-il pas évident que la mission de la Mutualité d'adultes commence?

Or, suffit-il qu'elle attende qu'on frappe à sa porte? Et peut-elle espérer qu'elle gagnera des associés si elle ne les recherche pas, si elle ne prend nulle peine pour les conseiller, les éclairer sur leur véritable intérêt, qui est de persévérer dans l'entr'aide et dans la prévoyance collective ?

Je sais des sociétés qui ne cessent de récriminer et qui ne font rien pour se procurer la liste des élèves sortants, pour visiter les familles, pour tenter la démarche qui maintiendra l'écolier d'hier dans la voie mutualiste. Nous ne sommes pourtant plus au temps où l'on pouvait dire : « Clocher, clocher, arrive ou je meurs! » Aujourd'hui, il faut aller au clocher ou bien se résigner à mourir. Car les sociétés mourront qui ne puiseront pas la vie dans les promotions nouvelles.

D'autres causes font que les mutualistes scolaires répugnent à s'inscrire dans les Mutualités d'adultes. Tel groupement est professionnel; tel autre, confessionnel. Celui-ci n'admet pas la femme. Celui-là exige un fort droit d'entrée, impose un stage. Cet autre veut qu'on sacrifie le livret individuel au fonds commun et, parce qu'il a vécu sur une erreur financière, ordonne qu'on la partage.

Sans doute, la Mutualité doit être une et indivisible comme la République, ainsi que disaient nos pères? Il est souhaitable que les modalités se fondent en unité et en harmonie.

Partout où les Mutualités d'adultes auront le sens de l'action et de l'organisation, où elles se livreront à un travail méthodique et suivi de documentation, de dépistage, d'affectueuse protection, elles conquerront livrets et possesseurs de livrets.

Mais partout où la plainte stérile, les errements défectueux remplaceront le travail pratique et fécond, force sera bien que la Mutualité scolaire agisse par elle-même, fonde des Mutualités prolongées : Mutualité de l'adolescence, Jeunesse prévoyante.

Jusqu'à l'heure actuelle, la Mutualité scolaire a attendu la Mutualité d'adultes qui, de son côté, l'attendait.

Il faut que l'expectative cesse des deux parts.

Elle a déjà cessé depuis quelque temps dans les sociétés scolaires qui se constituent de plus en plus en Unions départementales et, par leurs propres moyens, par l'élargissement de leurs cadres, assurent l'avenir de leurs pupilles, empêchent que leur œuvre, faute d'appuis extérieurs, soit éphémère.

La tendance est donc, en face d'hésitations et d'atermoiements préjudiciables à l'adolescence, de donner à la Mutualité scolaire son lendemain, par la Mutualité post-scolaire, — tout en réprouvant la pensée et le sentiment d'un séparatisme systématique.

Mais ne faut-il pas d'abord vivre? Et n'ira-t-on pas aussi à l'unité?

L'enfant, l'adolescent d'hier, ne sont-ils pas l'adulte de demain?

POUR LA JOURNÉE MÉNAGÈRE

On s'occupe beaucoup de l'enseignement ménager dans l'école du jour et dans l'école prolongée. La formule : « de l'école au ménage » correspond logiquement à l'autre formule : « de l'école au régiment ». L'on se rend compte que la formation de la future maîtresse de maison est commandée par une nécessité sociale qui est impérieuse.

Mais longtemps on s'est contenté de la théorie. L'adoption de vœux dans les congrès semblait suffire. L'on pensait rendre un grand service à la cause en échafaudant des théories que ne suivaient pas les actes. Mais peut-être discours et rapports avaient-ils leur utilité. Avant de faire l'éducation des enfants ne faut-il pas faire l'éducation de l'opinion publique? Ne faut-il pas convaincre les mères qui, par routine, sont réfractaires à tout enseignement qui ne conduit pas à un diplôme? Envoyer sa fille à l'école pour qu'elle y apprenne à coudre, à repasser, à faire la cuisine, à tenir proprement une salle à manger, mais l'on n'y pense pas! Et le brevet? Tout ce qui ne conduit pas à la conquête du diplôme sacro-saint doit être tenu pour condamnable.

Par bonheur, l'expérience prouve qu'il peut y avoir entente entre le balai et le porte-plume et que la préparation d'un « rôt » ne fait pas tort à la préparation d'un « élémentaire » ou d'un « supérieur ». Et peu à peu des idées fausses s'enfuient. Une petite élève d'école primaire ou bien de cours complémentaires, après la classe, ne se considère plus comme en pension dans sa famille et n'hésite pas à mettre, avec une heureuse habileté, la main à l'ouvrage.

D'ailleurs, autour de l'école, pour aider à la propagande en faveur des idées pratiques, naît comme un « Parti de l'Enseignement ménager ». Il a son point d'appui dans le *Comité des Dames* de la Ligue de l'Enseignement qui a rédigé un *tract* très simple et très méthodique et a organisé de nombreux cours.

La présidente, Mme Georges Coulon, pleine d'initiative et d'entrain, et qui a de qui tenir — n'est-elle pas la fille d'Eugène Pelletan? — se multiplie pour vulgariser la science ménagère.

Elle vient de donner une conférence au Collège libre des Sciences sociales sur l'enseignement qu'elle veut propager. Elle a réclamé l'extension des écoles ambulantes, la formation d'un personnel spécial, l'introduction de l'éducation ménagère dans les lycées et collèges de jeunes filles, — ce qui est à faire, — et aussi dans les écoles primaires supérieures de jeunes filles, — ce qui est déjà fait. Elle a demandé qu'on instituât une École Normale d'où sortiraient — je ne sais si elle tient beaucoup au titre — des « Doctoresses ès sciences ménagères ». Il paraît qu'il y a une école de ce genre au Japon, à Tokio !

Ce sont là des projets. Mais Mme Georges Coulon a fait mieux. Elle a agi.

Grâce à la collaboration intelligente et dévouée que lui a fournie M. Dolidon, inspecteur primaire, elle a contribué à doter de l'enseignement ménager les écoles des cantons d'Aubervilliers et de Saint-Denis. Elle a été aidée aussi par la collaboration active de M. Leune, sous-directeur de l'enseignement primaire de la Seine, qui déjà, dans le Pas-de-Calais, avait imaginé une organisation dont ont bénéficié des centaines d'écolières.

L'enseignement ménager a sa *Journée*. Oui, une journée entière lui est consacrée chaque semaine !

La journée du bon sens, la journée de la vie familiale, la journée vraiment féminine comprend un ensemble de leçons et d'exercices qui se pénètrent, s'éclairent et se fortifient les uns les autres : leçons de morale, de sciences physiques et naturelles, d'économie domestique, d'hygiène appliquée à l'éducation maternelle, exercices de cuisine, de repassage, de blanchissage, de raccommodage, de dessin, de coupe et de couture.

De cette journée bénie tirent profit treize classes de Saint-Denis avec 520 élèves, et sept classes d'Aubervilliers avec 285.

Et elle ne coûte pas cher cette journée qui sera d'un si bon rapport pour les disciples qui se pénétreront de son programme ! Le Ministère de l'Instruction publique consent un crédit de 1.200 francs. Le Conseil municipal de Saint-Denis accorde 2.000 francs, celui d'Aubervilliers, 400. Il y a en outre 400 francs de dons.

M. Dolidon, qui me parlait récemment de cette nouveauté sociale, me disait :

« Ces ressources sont modestes, mais j'espère qu'elles s'augmenteront et que, grâce à l'initiative, au dévouement, à l'exemple de nos institutrices, l'enseignement nouveau se développera et contribuera à former de bonnes ménagères aimant leur tâche, sagement économes, préoccupées de la santé des leurs, habiles à faire de leur maison un intérieur gai, sain, attrayant, confortable, où le travailleur sera heureux de rentrer et de rester. »

Mais Aubervilliers et Saint-Denis ne vont pas avoir le monopole de l'innovation.

La journée ménagère va pénétrer dans Paris. Le XVe arrondissement (Grenelle), grâce à M. Baudrillard, inspecteur primaire, va dédier une journée de six heures à cette science d'à-côté que les autres sciences traitaient jusqu'ici comme une Cendrillon. Et défense sera édictée de faire des devoirs à la maison, de pâlir sur les manuels ce jour-là. Il faudra, chez soi, que l'on applique les nécessaires leçons reçues à l'École. La maison deviendra l'école d'application.

Tout cela est bien encourageant et réconfortant.

Et les départements? Il en est qui n'ont pas attendu l'exemple donné par Paris. L'Enseignement ménager est fort répandu dans la région du Nord, de l'Est, et dans la région lyonnaise, et il gagne de proche en proche.

Une initiative prise dans l'Allier par M. Malard, inspecteur d'académie, est à citer. Il a constitué une commission, qui a travaillé. Elle a élaboré pour l'introduction de l'enseignement ménager dans les écoles publiques un projet qui a été approuvé par le Conseil départemental.

Depuis octobre, le programme est appliqué. En voici les grandes lignes :

Dans les écoles de filles, les enfants de onze à treize ans sont groupées en *section ménagère* dans les écoles de moyenne et petite importance, en *classe ménagère* dans les écoles à effectif considérable.

Les élèves de ces classes ou de ces sections reçoivent un enseignement ménager théorique et pratique, ordonné, assez complet.

Deux, trois et même quatre classes entières de l'après-midi sont entièrement consacrées aux leçons et aux exercices ménagers dont le programme comprend la couture, et en particulier l'entretien des vêtements, l'économie domestique, l'hygiène, l'alimentation, l'économie rurale, le dessin appliqué aux arts de la femme.

Ces séances spéciales sont ouvertes dans chaque école aux élèves désireuses de parfaire leur éducation ménagère. La présence d'anciennes élèves aux classes d'enseignement ménager assure aux institutrices les mêmes avantages qu'un cours d'adultes.

L'expérience est en cours. Elle ne peut donner que d'utiles résultats. C'est en adaptant son enseignement aux besoins réels de ses élèves, c'est en prenant pour devise : l'École pour la vie, que l'École populaire contribuera au bien-être, au progrès moral des familles ouvrières et remplira vraiment sa mission sociale.

POUR LE LIVRE A L'ÉCOLIER!

Rien n'est tentant comme un beau volume bien relié, de coquette apparence. Qui le possède l'aime; qui l'emprunte le choie au point de manifester son affection, soit par une usure enlaidissante, soit par une rétention si prolongée qu'elle finit par dégénérer en possession réelle.

Combien la sagesse des nations a raison de dire, en vers mirlitonnesques par leur prosaïque poésie :

> Tel est le triste sort de tout livre prêté,
> Souvent il est perdu, toujours il est gâté...

Les grandes personnes en usent parfois trop familièrement avec les livres qui ne sont pas leur propriété. A combien plus forte raison les enfants. S'il leur arrive rarement de le rendre, il leur arrive toujours de saccager un ouvrage dès qu'ils le tiennent entre les mains. Ils se livrent tout entiers, sans pitié, à leur instinct de destruction. Ils se soucient bien de protéger, de défendre un travail approprié à leurs besoins! Tout leur est jeu, surtout ce qui devrait les détourner du jeu!

Dans les lycées, les collèges, les écoles primaires de France et de Navarre il a existé et il existe toujours un singulier usage. Les livres classiques employés pendant l'année scolaire par les élèves internes ne leur appartiennent pas. Ils ne sont pas achetés par eux. Ils sont reçus en prêt, d'octobre à juillet.

C'est une coutume déplorable. Elle habitue l'enfant à ne pas respecter des livres qu'ils devraient considérer comme des objets vénérables et sacrés. Pourquoi les épargneraient-ils? Ils ne sont pas son bien, sa chose. Ils ne font que passer dans son pupitre avant de se diriger vers le bureau du voisin, du successeur qui attend son tour.

A quoi bon livrer intact à cet héritier qui ne sera lui-même qu'un bénéficiaire à court terme, le dépôt qu'on a reçu? Et chacun de briser les couvertures, de déchirer les pages, de les arracher, d'étaler son triomphant paraphe aux endroits les plus en vue pour léguer à la postérité le nom d'un cancre! C'est une maladie presque endémique chez les élèves. Ceux qui y échappent ont vraiment une belle nature, sont des modèles de probité, de générosité même. Ils ont sucé avec le lait la notion quasi divine de l'altruisme!

Il va de soi que les bouquins par trop maculés, tailladés et torturés, sont payés par leur bourreau et que c'est justice. Mais ils ne sont pas promptement remplacés. Il faut qu'ils fassent leur temps, qu'ils aient de longs et loyaux services! Ils ne cèdent la place à d'irréprochables confrères que lorsqu'ils montrent, les infortunés, de trop hideuses plaies, que lorsqu'ils sont par trop déchiquetés, lacérés, dépouillés, évidés et meurtris!

Or, il y a encore sur les bancs quelques garçons studieux et soigneux — conservateurs en librairie, — non en politique sans doute, car on sait que conservateur est alors synonyme de révolutionnaire! C'est tant mieux pour eux s'ils tombent sur une édition neuve et reluisante. Ils auront plaisir à en pénétrer le sens et à en absorber la « substantifique moelle ». Mais c'est aussi tant pis, s'ils obtiennent en partage, au petit bonheur, un dictionnaire, un atlas, qui aient servi de boîte à lettres et d'herbier.

Peut-être leur ardeur au travail ne s'éteindra-t-elle pas au contact d'une ruine si lamentable, mais ils pourraient bien ne pas loger le triste débris dans leur casier sans quelque dégoût.

Je plaisante. Mais la chose vaut bien que je sois sérieux. Qui ne voit combien le système du prêt scolaire présente d'inconvénient?

Il n'est pas bon que les enfants considèrent les auteurs du programme commes les connaissances de passage, rencontrées, saluées une fois, puis, après la première et dernière présentation, délaissées à jamais Une tragédie étudiée dans la division de grammaire doit être revue pendant les « Humanités » et non mise de côté dédaigneusement. Une période d'histoire apprise et commentée doit être à nouveau gravée dans la mémoire et dans l'esprit. C'est ainsi que se fait une instruction, que se tisse la trame intellectuelle d'un homme. Il y faut de la suite, de la continuité.

C'est en revenant sans cesse sur les matières enseignées qu'on se les assimile, qu'on en fait sa chair, son sang. En est-il ainsi maintenant? L'enfant, aussitôt qu'il est sorti d'une classe, ne possède plus les textes expliqués par le professeur, il croit qu'il en a fini avec eux, il les considère comme indignes de retenir son attention, il les relègue au pays des vieilles lunes !

Combien est différente et meilleure la situation d'un

écolier qui a sa bibliothèque personnelle accrue, chaque année, de chefs-d'œuvre qu'il voit et revoit sans cesse. Il est en contact quotidien avec des amis de la veille qui sont des amis de demain et de toujours. Il vit dans l'intimité de leur commerce. Il gagne à converser avec eux, à s'inspirer de leurs idées, de leurs sentiments. Il ne les voit pas par certains côtés, mais en leur plein développement. Il ne les connait pas par fragments, mais dans leur ensemble. Homme mûr, vieillard même, il s'entretiendra avec eux. Il leur demandera de lui rappeler les jeunes années, les maîtres et les camarades disparus ! Il leur devra plus d'une émotion mêlée de joie. Oh! combien je donnerais pour posséder encore mon vieux Virgile où j'épelais les amours de Didon et d'Enée, mon poudreux Tacite où je m'enfiévrais d'ardeur pour la liberté ! Mais j'étais interne et j'ai dû rendre, avec quel regret ! et Virgile et Tacite, et les prosateurs et les poètes familiers !

Mais passe encore pour l'ancien élève de lycée. Il faut, il doit se composer une bibliothèque. Il a reçu l'entraînement nécessaire pour porter en soi le désir de fortifier, d'étendre son savoir. Il a un appétit de curiosité qui le force à lire, à relire. Il peut s'entourer de belles éditions.

Mais l'écolière, l'écolier que saisissent la ferme, l'atelier, en rendant leurs pauvres livres de classe, usés déjà par tant de mains, c'est tout leur humble bagage de connaissances qu'ils déposent sur le seuil de l'école. Comment rafraîchiront-ils leurs mémoires? Qui les préservera de l'oubli, de l'ignorance, s'ils n'ont pour les guider le manuel familier, la page lue et relue qui s'évoque tout entière quand on en épèle la première ligne ?

Toute écolière, tout écolier devraient emporter comme don de la commune, comme souvenir de l'école, le précis d'histoire, le modeste atlas, le livre de lecture courante, le recueil de morceaux choisis auxquels ils sont habitués, où sont résumées les leçons reçues aux années d'enfance.

L'on se plaint du déchet que produit l'école. Laissez le livre à l'écolier. Et si quelques milliers de jeunes travailleurs refont connaissance avec lui, la dépense matérielle qui est petite sera compensée largement par le gain intellectuel qui sera grand.

POUR L'ÉCRITURE!

Il faut bien être de son temps. Je veux donner dans la mode qui est de dénoncer des crises. Vous savez, en effet, que tout écrivain qui se respecte a le devoir d'en découvrir une. Ah! la mienne n'est pas imaginaire. Elle est visible à l'œil nu. La belle écriture se meurt, la belle écriture est morte.

Qui lit en pâtit. Mais qui écrit, et qui écrit mal, en souffre bien davantage. Car personne n'étant obligé de se crever les yeux sur les lignes illisibles, il s'ensuit que lorsqu'on écrit mal et qu'on demande un emploi, l'on vous prie de repasser.

La crise sévit à l'heure actuelle d'une façon intense. L'écriture semble de plus en plus sacrifiée dans l'estime des enfants. Hier, on moquait la leçon de gymnastique qui, aujourd'hui, semble devenir en honneur, grâce au crédit dont jouissent les sports. Aujourd'hui on daube la leçon d'écriture qui incline à la défaveur frappant la mémoire.

Bien écrire n'est pas bien porté. Bien écrire n'est pas signe d'intelligence. Du moins les barbouilleurs de papier, au sens vrai du mot, l'affirment.

Mais, si dans le petit monde de l'école, l'on paraît réfractaire à l'écriture, dans le monde du commerce des protestations s'élèvent qui, de jour en jour, vont grandissant.

Je recevais récemment la visite du président d'une œuvre qui a un Office de placement gratuit. Le groupement qu'il dirige est d'importance. C'est la Fédération formée par les associations d'anciens élèves des sociétés d'enseignement populaire : Polytechnique, Philotechnique, Philomathique, Union française de la jeunesse, etc.

M. Gyrard me disait : « Chaque jour des jeunes gens qui se sont donné la peine de parfaire leurs études primaires se voient refuser des emplois de début dans les magasins, dans des maisons de commission, parce qu'ils n'ont pas une « expédiée » suffisamment régulière. Ils savent de l'histoire, de la physique, voire de la chimie, mais ils ne savent pas écrire. Parfois on les prend à l'essai. Mais au bout d'une semaine, on les remercie. » Et M. Gyrard me tendit les lettres de chefs de maisons, demandant tous comme s'ils obéissaient à un mot d'ordre, « un élève ayant une bonne écriture ».

Il me tendit aussi un vœu présenté par un Congrès de la Ligue de l'Enseignement. La Fédération demande : « Que des cours d'écriture commerciale courante soient formés et qu'un temps plus long soit donné à l'étude de l'écriture, en général. »

L'exposé des motifs suit, contrairement à l'habitude prise pour les projets de lois.

La Fédération exprime ainsi son vœu :

« On parle beaucoup aux jeunes gens de sténographie et dactylographie, et ces deux branches sont, en effet, d'une très grande utilité ; mais elles ne devraient cependant jamais amener l'abandon de l'étude de l'écriture.

« Si, en effet, les circulaires, les lettres, certains comptes sont exécutés à la machine à écrire, tous les livres de comptabilité, certains bordereaux et divers autres travaux ne peuvent être faits qu'à la main. »

Le vœu réclame que, dans l'horaire, une place plus importante soit faite à la leçon d'écriture.

La solution n'est peut-être pas là. Ce qu'il faut, c'est que la leçon se prolonge dans tous les exercices scolaires, qu'elle pénètre et domine tout l'enseignement. Ce qu'il faut aussi, l'école étant faite pour la vie, c'est que l'on répète sans cesse aux enfants, avec exemples à l'appui, qu'une bonne écriture est un bon gagne-pain. Ce qu'il faut enfin, c'est s'élever contre le préjugé taxant la supériorité graphique d'infériorité mentale.

Avoir une belle main, c'est bien souvent avoir une tête solide, où les idées s'ordonnent avec méthode et clarté ; c'est posséder la maîtrise de ses nerfs. C'est faire aussi œuvre d'art, d'art à l'école.

Habituons l'enfant à aimer « la belle page » qui peut se concilier avec la bonne page.

POUR LA DICTÉE

Pauvre dictée! On lui veut mal de mort. On la chasse de l'école, tout comme la récitation. Apprendre par cœur, écrire sous l'œil, à la voix du maître : c'est pure routine.

Qui s'entête dans ces méthodes désuètes heurte la raison. Quel surmenage pour l'enfant! Quelle perte de temps! Il faut ménager la mémoire.

Place au Vocabulaire, à la Lexicologie, à la Terminologie, — ô les vocables barbares! — expliqués longuement et vivement oubliés! Place aux commentaires de textes, tirés au cordeau, démontrés à la manière d'un théorème, et qui soumettent aux règles d'une inflexible géométrie, uniformément, la verve originale d'un Pascal, la fantaisie amusée d'un Lafontaine, la pompeuse magnificence d'un Bossuet, toute la prose, tous les vers, et ce qui est méthode et ce qui est caprice, qu'il faut couler dans le même moule rigide et ennuyeux.

*
* *

Il est vrai que la Dictée, réduite au silence, que le « Morceau choisi » ou plutôt délaissé, se vengent. La langue, enseignée scientifiquement, tend à être pratiquement ignorée.

Quand j'entre dans une classe et que je lis sur le tableau accroché au mur les titres de morceaux appris dans un semestre, je me désole, trop souvent, en constatant qu'ils se réduisent à six ou sept courtes demi-pages de prose et de vers. Il y a des exceptions, bien entendu. Mais elles ne tendent qu'à confirmer la règle.

Comment veut-on que le vocabulaire ne soit pas pauvre, misérable même, de cette fillette, de ce garçon qui, en six mois, ne s'est pas assimilé plus de cinquante à soixante lignes.

Écœurés, les écoliers ont emmagasiné trop peu de mots pour qu'ils puissent traduire leur pensée à peu près clairement quand ils se trouvent, plume en main, devant une feuille de papier.

La mémoire ne rend que ce qu'on lui a prêté. L'enfant qui n'a pas fait une provision de mots suffisante est impuissant à rédiger de façon correcte et lisible le moindre bout de narration, de description.

J'entends à peu près partout, au Nord, au Midi, la la même plainte : « Les élèves sont en retard pour le français. C'est le point faible de l'enseignement. »

L'on gémit et l'on constate le fait.

Mieux vaut chercher la cause du mal.

A mon humble avis, la crise du français qui, celle-là, est réelle dans l'école élémentaire, est attribuable, pour une large part, à l'abandon de la « leçon » quotidienne.

On n'ose plus demander un effort régulier, constant, à Sa Majesté l'Enfant. On fatiguerait ses méninges en exigeant de lui que chaque jour il confiât à sa mémoire tournures, mots nouveaux. Là est le mal.

Mal réparable, au vrai.

Il faut demander aux instituteurs de renoncer à une erreur, à une mode qui n'ont que trop duré. Ils ont écouté complaisamment des conseils et directions donnés par des éducateurs qui n'avaient pas pris contact avec l'enfance, avec des réformateurs en chambre. Ils comprennent à l'user qu'ils ont fait fausse route. Ils s'aiguilleront volontiers sur une autre voie par où passeront, derrière eux, les quatre millions de petites Françaises et de petits Français qui ont intérêt à savoir un peu de français... en France.

J'ai été élevé par un maître éducateur qui, celui-là, avait, pendant un demi-siècle, enseigné l'enfance, par F. Vessiot à qui l'on doit peut-être les deux meilleurs traités pratiques qui aient été écrits pour la conduite de la classe : *L'Enseignement* et *L'Éducation à l'école*, qui devraient être les livres de chevet des cent vingt mille institutrices et instituteurs de notre pays.

Vessiot, qui a été le professeur de Camille Jullian, de Lacour-Gayet, de combien d'autres encore, avait accoutumé de dire : « Ne vous couchez jamais, mes enfants, sans avoir appris par cœur quatre lignes de grec, de latin, de français. Tous les dix jours, faites une revision consciencieuse des cent vingt lignes apprises pendant la décade scolaire. Quand viennent les vacances, faites le bilan complet des acquisitions annuelles. »

Vessiot, qui gravait ainsi, au jour le jour, quelques vocables au fond de nos souvenirs et qui nous répétait sans cesse : « La dépense est impossible si vous n'assurez pas la recette », ne négligeait pas de forger la conscience, tout en affinant la mémoire.

Revenons au culte de Mnémosyne, si délaissée aujourd'hui. N'oublions pas qu'elle était la mère des Muses,

Cultivons la faculté de rétention chez l'enfant. N'ayons pas peur de lui voir s'assimiler des mots sertis par les Maîtres dans l'or ciselé de la phrase : Sous les mots, il y a des idées et des sentiments.

POUR LA REVISION

Elle n'a rien de politique, rien de militaire. Il s'agit de l'humble revision que l'on devrait pratiquer dans les écoles, — et dans les grandes et dans les petites, — d'une façon méthodique, précise, continue.

Ah oui, maître B..., vous m'auriez fait prendre en horreur la Dictée, la « Dictée des examens », la « Dictée de l'Hôtel de Ville », semée de pièges et de chausse-trapes.

Mais peut-être vous dois-je de m'être surveillé, d'avoir pris l'habitude de regarder sous quel aspect, avec quel visage se présentent les mots. Ne sont-ils pas comme les personnes dont on oublie les traits si on ne les a pas fixés longtemps? Deux ans de votre cuisant, mais salutaire régime, initiaient vos élèves aux mystères les plus fuyants des vocables et vos anciens disciples pouvaient, avec assurance, entrer au lycée, où les précédaient les effets de votre magique baguette.

Le lycée ! la discipline y était douce, la dictée aimable. Je revois en pensée, avec cette précision qu'acquièrent les souvenirs quand on descend la pente des années, la classe de cinquième où professait, entouré d'estime et de vénération, François Tamisier.

Félibre convaincu, disciple de Mistral et de Roumanille, joueur de boules consommé, mon vieux maître était un homme grand, fort, de carrure athlétique. Port de tête majestueux, figure sabrée d'une rude moustache blanche, sourcils épais surmontant deux grands yeux noirs, au regard perçant, moustache aux pointes retombantes, voix retentissante : on eût dit un de ces Gaulois qu'on donne comme types du courage, de l'énergie, dans les gravures insérées aux vieux manuels d'histoire. Par un contraste qui n'est pas rare dans le Midi, et qu'a observé Daudet, ce géant était la bonté, la douceur même.

Fin lettré, il croyait à la dictée et il savait en tirer un merveilleux parti.

*
* *

La dictée, les deux dictées de la semaine, les dictées attendues, souhaitées, aimées, régal du goût, François Tamisier s'ingéniait à les extraire des œuvres caractérisant le mieux la manière des meilleurs écrivains, soit anciens, soit modernes. Il ne prenait pas ce qui traîne dans les Recueils classiques, où les autorisations si jalousement restreintes des éditeurs forcent les auteurs à tourner dans le même cercle, à reprendre forcément, et malgré eux, les passages exhumés par leurs devanciers et pourvus du laisser-passer commercial. Il avait une curiosité d'esprit qui le poussait à d'heureuses découvertes dont il enrichissait notre Florilège.

François Tamisier était un enthousiaste, et, avec enthousiasme, il entonnait ses dictées. J'entends encore, à quarante ans de distance, le tonnerre de sa voix roulant les phrases, nouant les liaisons, scandant les propositions, tombant d'un arrêt sec et brusque aux points et virgules. Et quels accents de clairon pour mettre en relief les mots à effets, pour dérouler en beauté les périodes! Quand, le point final dicté, le maître disait : « Je relis », tout un orchestre éclatait. Et nous étions dans le ravissement.

Ces dictées, articulées, mimées, animées, j'avoue qu'elles m'ont conduit à aimer les Lettres, à aimer les Livres. Car François Tamisier puisait ses dictées légendaires sur les rayons d'une admirable bibliothèque qu'il me permit de classer plus tard avec lui. Elle était perchée, cette « Librairie », à un vertigineux sixième étage, dans une vaste salle où j'ai passé des heures délicieuses à butiner parmi poètes et prosateurs, à manier de belles reliures, à connaître, dès l'enfance, le secret des éditions rares...

Mais me voilà bien loin de la dictée, et bien près aussi. Car c'est la dictée qui m'a fait aimer un ami des Livres, et m'a rendu leur ami. La dictée m'a conduit à la bibliophilie.

L'on me pardonnera la reconnaissance que je lui ai vouée, car je lui dois, au cours d'une existence trop souvent prise par la fièvre de l'action et de la propagande, les seuls moments de calme et de joie reposante qu'il m'ait été donné de goûter. La Dictée a pour moi la valeur d'une initiation à la vie heureuse.

POUR LA MÉMOIRE

La mémoire est, dans l'école, la délaissée, la sacrifiée. Il y a quelques années, elle régnait en maîtresse.

La récitation triomphait. Aujourd'hui, elle est objet de dédain.

C'est s'exposer à la raillerie, c'est vouloir passer pour un esprit inférieur que de défendre la cause de la mémoire. C'est évidemment retarder.

Apprendre par cœur des pages bien choisies? Mais y pensez-vous? Vous allez faire œuvre de « psittacisme », disent nos réformateurs qui ne donnent pas médiocrement dans le jargon des pédants.

Qu'il faille fortifier la raison, exalter la volonté. D'accord.

Mais cultiver la mémoire n'est pas émousser le vouloir, affaiblir l'intelligence.

Même la mémoire peut servir à l'éducation du caractère, à la formation du raisonnement. Apprendre n'empêche pas de comprendre — et d'agir.

L'enfant à qui l'on ne donne à retenir que de belles pages, évocatrices de « sentiments nobles et généreux », apprend à penser, retient des règles de vie droite et ferme.

Et à exclure la mémoire, on s'expose, mais sûrement, logiquement, à ignorer le parler national.

L'on se plaint que des générations nouvelles manient la langue française non sans impropretés d'expressions, non sans gaucherie dans le déroulement des phrases.

Si le fait est vrai — ce dont on discute — le mal vient d'une humble et petite cause, du peu de crédit qu'on accorde aux exercices de mémoire dans l'école primaire.

Sans doute, on a voulu réagir contre un abus. Mais l'on exagère en sens contraire. La réaction contre l'excès est vraiment trop violente.

Que des abus aient été commis, il en faut convenir. Que des instituteurs aient pris, naguère, l'habitude agréable et reposante d'accabler leurs disciples de pages interminables, mal adaptées à l'âge des enfants, qu'ils se soient dispensés de tout effort en déversant sur leur passive clientèle des phrases hérissées de difficultés, d'accord.

Mais l'abus erroné d'un exercice excellent en soi ne doit pas induire à en condamner l'usage raisonnable et mesuré.

Par la Dictée employée avec intelligence, quels progrès ne peut-on faire réaliser à l'enfance ! La Dictée lue, relue, vraiment bien comprise, peut faire passer, au jour le jour, le meilleur de la pensée étrangère et contemporaine dans l'esprit des écolières et des écoliers. Elle peut être comme la fleur de la poésie, de l'histoire, de la vie nationale.

Le tout est de savoir choisir, de composer, à l'aide de la Dictée, une anthologie initiant l'enfance urbaine et rurale aux grandes découvertes scientifiques, aux grands problèmes moraux du temps présent.

*
* *

Ceux de ma génération doivent beaucoup à la dictée. Elle leur a révélé la place, la couleur, le son, la physionomie des mots, l'alliance du verbe et de l'idée, — sans compter cette humble et si modeste chose si dédaignée aujourd'hui : l'orthographe, qui régentait les Rois, mais qui régente de moins en moins le Souverain.

Je me rappelle toujours mon vieux maître qui,

rue Nicolas, à Marseille, dans une modeste petite école de quartier, enfonçait en moi, par raison démonstrative, les mots d'usage et les lois de la syntaxe. Nulle exception à la règle... disciplinaire maniée par le terrible grammairien. Toute faute était payée par un coup tombant sur l'extrémité des doigts qu'il fallait réunir pour recevoir le pédagogique châtiment.

Hélas! Elle fait trop souvent partie des procédés vieux jeu, des recettes surannées que condamne la pédagogie modern-style! Comment n'aurait-on pas renoncé à la revision, gage et garantie de rétention, quand on affiche un souverain mépris pour la mémoire? Je reconnais qu'il est plus agréable d'aller toujours de l'avant avec ses élèves, de partir à la découverte d'idées et de faits qui ont la fraîcheur de la nouveauté.

Mais que de déceptions on prépare quand nul retour en arrière n'est opéré! Vite la vision s'efface que la revision n'a pas gravée au profond du souvenir.

Je me rappelle un mot que répétait souvent un savant chartiste : « On ne possède à peu près son histoire que quand on l'a oubliée sept fois et que sept fois on l'a rapprise. » Il eût pu dire : six fois ou bien huit, car tout dépend du plus ou moins de facilité qu'a le sujet. Mais, chiffre à part, il avait raison. On ne sait que ce qu'on a « repassé », comme disent les écoliers, et repassé obstinément. Ce que l'on ne repasse pas, passe.

Il faut bien en convenir. On « repasse » moins, on « revoit » moins qu'autrefois. Et il en résulte qu'on ne conserve qu'une idée vague de tout le savoir encyclopédique dont on a fait seulement une fois le tour, en grande hâte, aux années d'enfance.

Comme les études primaires gagneraient en solidité si la revision y occupait la place qui lui est due, et qui est la place d'honneur!

Combien de fois ai-je la surprise, plutôt décourageante, de constater que les morceaux de prose, de vers, appris l'année précédente, sont totalement ignorés des élèves! Vers et prose seraient possédés, et fort bien, si, en octobre, chaque maitre prenait la précaution de se faire donner la liste des textes précédemment étudiés, si, à chaque acquisition nouvelle, il joignait la revision d'une page qui fut sue naguère. Sinon, c'est de l'enrichissement sans épargne, et bientôt de la misère.

Simple affaire d'entente, d'harmonie dans l'effort collectif, quand il s'agit d'écoles à plusieurs classes. Affaire d'organisation, comme de méthode pédagogique.

Le maitre est-il seul, comme dans des milliers de communes rurales? La tâche sera encore plus aisée. Il n'aura qu'à s'entendre avec lui-même.

Revisons! Revisons! Qu'il en soit ainsi dans tout ordre de connaissances.

Tout début de leçon doit se relier par des anneaux serrés à la chaîne des notions précédemment acquises.

Tout début de l'année scolaire devrait être consacré à un regard en arrière sur le petit domaine parcouru depuis l'entrée à l'école, toute fin d'année devrait être consacrée au résumé des connaissances conquises pendant dix mois. Octobre serait le mois de la revision générale; juillet le mois de la revision partielle. Il faut revoir beaucoup pour savoir un peu.

POUR LES INTÉRIMAIRES

Il ne s'agit pas de regretter que la guerre ait obligé nombre d'inspecteurs d'Académie à recruter des intérimaires en possession d'un seul brevet élémentaire, parfois acquis de vieille date. Il est parfaitement inutile de se lamenter parce qu'il a fallu, dans quelques départements, confier des écolières et des écoliers à des employées, à des commises, à des caissières sans place, et qui se sont souvenues à propos qu'elles avaient un diplôme dont l'utilisation était possible. C'est un mal nécessaire, imposé par les événements.

Mieux vaut agir, au lieu de se lamenter, et tirer d'éléments médiocres, mais susceptibles d'amélioration, le meilleur rendement possible.

Comme les hostilités durent et que l'enfance pourrait souffrir d'être instruite par d'inhabiles remplaçantes, tel qui gémissait se décide à commencer l'apprentissage des éducatrices et des éducateurs improvisés. « Fit-il pas mieux que de se plaindre? » comme disait le fabuliste.

J'ai vu et je connais bien des essais, et fort heureux, qui sont tentés par des inspecteurs ne pouvant, et avec raison, se résigner à l'affaiblissement des études.

J'en sais qui multiplient les visites aux classes de débutants, convoquent les plus inexpérimentés, les conseillent, les guident.

Il en est qui leur envoient des plans de travail, des instructions, insérés au Bulletin départemental. C'est ce qui a été fait, par exemple, dans le Cantal, où l'on montre aux intérimaires les procédés à employer pour se mettre vite au courant, où on leur dit quels sont les livres dont la connaissance leur est indispensable, où on leur envoie des sujets de devoirs pour les initier aux problèmes les plus pressants de la pédagogie pratique.

C'est tout un volume qu'a rédigé M. Hubert, inspecteur primaire aux Andelys, sous le titre de « Directions pour l'organisation et la conduite des Écoles à une seule classe », spéciale et mixte. M. Hubert entre dans le détail du travail scolaire pour chaque matière de l'enseignement. Semaine par semaine, il établit l'emploi du temps. Que de tâtonnements, que d'erreurs il évite à l'intérimaire dont il veut faire une institutrice, un instituteur! Son manuel, qui est manuscrit, va d'école en école et ferait œuvre utile ailleurs que dans une circonscription de l'Eure.

Ce sont là d'heureuses innovations et qui en entraîneront d'autres.

Un inspecteur d'académie n'exige-t-il pas un stage de quelques jours des candidats à un poste ?

Un autre ne me disait-il pas récemment qu'il avait l'intention d'organiser une « Semaine éducative » pour les intérimaires, de les réunir pour leur faire donner, en une série de leçons, conférences et exercices d'application, une préparation professionnelle, réduite certes, mais sûrement profitable ? Les séances se tiendraient aux chefs-lieux d'arrondissement, pour éviter des déplacements coûteux. La Semaine éducative serait comme la préface de l'année scolaire.

Même, dans les Pyrénées-Orientales, l'essai a été tenté et a réussi. Et pour éviter toute interruption dans les études, la Direction de l'enseignement primaire a autorisé le remplacement des intérimaires, pendant une semaine, par les élèves de l'École normale.

L'Ariège va imiter bientôt le département voisin.

De même des efforts sont faits dans la Vendée, d'une façon méthodique et suivie, par M. Châles, inspecteur primaire remplissant les fonctions d'inspecteur d'académie.

Du Lot nous parvient un véritable traité de pédagogie pratique, dû à M. Veyssière, inspecteur d'académie. Ses instructions, qui sont appliquées, entrent dans tout le détail de l'organisation scolaire : répartition des élèves; emploi du temps, leçons communes, préparation de la classe, interrogations, correction des exercices, revisions, enseignement dans les écoles à classe unique, et, pour chaque cours, chaque matière du programme est passée en revue.

Dans la Dordogne, M. Ameline, inspecteur primaire, organise pour chaque arrondissement la correction des devoirs de pédagogie

Dans la Manche, M. Deries, inspecteur d'académie, insère au Bulletin des conseils donnés aux débutants par l'inspecteur primaire d'Avranches, M. Favier, et les signale comme « un bréviaire » « que les jeunes instituteurs et les jeunes institutrices devraient lire et relire presque chaque jour ».

Le 17 février, 1916. M. Lapie, directeur de l'enseignement primaire, a recommandé qu'on s'occupât de former « le personnel novice ».

Il n'est pas douteux que, pendant la guerre, on s'ingéniera à préparer les débutantes enfin de pouvoir conserver à leur poste celles qui auront su mettre à profit les conseils donnés. Et ce sera préparer « l'après guerre ».

POUR LA FORMATION NÉCESSAIRE

La brèche va chaque jour s'élargissant, que la guerre creuse dans les rangs des instituteurs. De plus en plus des institutrices seront appelées à professer dans les classes de garçons. Car l'industrie, le commerce disputent déjà à l'enseignement l'élite sortie de l'école primaire. C'est un fait économique qu'on ne peut éviter.

Sans doute, un très grand nombre d'institutrices qui, déjà, ont assumé le gouvernement des écoliers ont réussi dans leur tâche en perfection. Mais, il faut bien le reconnaître, elles ont triomphé des difficultés là où un maître, un directeur sachant diriger, les aidait de son expérience. Par contre, là où elles ont été livrées à leurs propres forces, l'innovation a été parfois moins heureuse, la discipline n'a pas laissé de fléchir quelque peu.

Dans quelques agglomérations ouvrières, où l'enfance est plutôt turbulente, les écoliers confiés à leurs soins, après une période d'obéissance, due à la surprise que leur causait le changement de visage, n'ont pas pratiqué la politesse, l'obéissance volontaire et raisonnée qu'on eût pu attendre d'eux.

Il paraît donc utile de préparer quelque peu des

institutrices, futures éducatrices de garçons, au rôle qui leur est dévolu par les circonstances. Il ne faut pas, sans conseil, sans direction, sans préalable sélection aussi, envoyer des jeunes filles, au hasard d'une vacance, là où il y a un poste à occuper.

Dans les écoles normales féminines, quelques leçons devraient être consacrées à la tenue de l'école de garçons par l'institutrice. Il serait en outre expédient que, sous la direction d'un maître éprouvé, les élèves de troisième année que leur caractère, le don d'autorité qu'on reconnait en elles, désignent pour débuter dans des écoles de petits citadins ou bien de petits paysans, volontiers indociles, fissent un stage spécial, pussent recevoir une formation éducative ajustée à l'instruction masculine.

Qu'on ne se fie pas à l'improvisation. L'élite peut s'en passer qui a le don, l'étincelle, la passion du dévouement. Mais la moyenne des débutantes a besoin d'être guidée. D'ailleurs, la vocation n'a rien à perdre à l'acquisition du métier.

C'est un chapitre à ajouter, ce sont des exercices pratiques à introduire dans les Cours, si souples d'ailleurs, et laissant tant de place à l'initiative, qui sont faits aux élèves de troisième année, — l'année vraiment normale, — dans les Écoles normales.

C'est un apprentissage qui est nécessaire, car, tant par les méthodes que par les programmes, l'école de garçons se différencie de l'école de filles. La Maison n'est pas la même. Il faut une initiation pour s'y mouvoir à l'aise.

Comme il est probable qu'il y faudra séjourner un assez long temps, il convient que la femme ne pénètre pas en étrangère dans un monde étranger. L'intérêt des études l'exige, — et aussi l'intérêt bien entendu du féminisme.

POUR LA DÉCENTRALISATION

Le cri que, depuis un quart de siècle déjà, poussent un certain nombre de politiques, d'industriels, d'éducateurs : « L'apprentissage se meurt! l'apprentissage est mort! répandons l'instruction professionnelle ! » serait-il à la veille d'être entendu?

Les appels d'Édourd Herriot, de Victor Margueritte, de Verlot, de Victor Cambon, de Henri Hauser et d'autres encore ont-ils frappé l'attention ? Se déciderait-on à préparer la victoire économique, complément nécessaire de la victoire militaire, et à former des générations aptes à disputer les affaires à l'ennemi dans la mêlée des intérêts?

Le projet Astier est voté au Sénat. Le projet Goy sur le haut enseignement technique est déposé.

Mais je suppose que, demain, les plans d'enseignement commercial, industriel, établis par la commission de la Chambre, soient définitivement adoptés. J'admets que 150.000, que 200.000 jeunes gens passent par des cours spéciaux, appropriés à leur métier.

Certes, un grand progrès aura été réalisé. On aura, à côté de l'état-major, issu des instituts techniques et des grandes écoles, constitué des cadres de contremaîtres, dressé les sous-officiers de l'armée commerciale et industrielle.

Mais la grande masse de la nation aura-t-elle été

orientée vers le travail productif adapté aux conditions, aux nécessités locales dans chaque « pays de France » ?

L'armée aura des chefs. Y aura-t-il une armée?

Une élite existera, mais la grande majorité de l'adolescence ouvrière et rurale sera-t-elle un peu dégrossie et débrouillée, là où le hasard de la naissance l'a fixée, là où il faut qu'elle gagne sa vie?

Une organisation s'impose qui, à l'issue de l'école primaire, distribue un enseignement aux formes multiples et variées, aux modalités très souples, qui innove en localisant l'instruction, en l'ajustant au commerce, à l'industrie, à l'agriculture de chaque « petite patrie ».

Sans doute on manifeste l'intention de donner une existence légale aux cours d'adolescents et d'adultes, même de les rendre obligatoires. Il entre dans le plan « d'après-guerre » de prélever quelques heures sur les classes consacrées à l'enfance, pour donner ce temps à l'adolescence.

On aura des élèves qui, après entente avec les employeurs, seront astreints à venir à l'école sans retenue sur le salaire, deux ou trois après-midi par semaine.

Mais aura-t-on, tout de suite dans les villages, dans trente mille communes rurales, des maîtresses, des maîtres en état d'assurer le nouveau service qui sera national?

Le dévouement des institutrices et des instituteurs est hors de cause. Ils se donneront tout entiers à la tâche nouvelle.

Mais il leur faudra acquérir des connaissances spéciales et par conséquent recevoir eux-mêmes une préparation spéciale. Il faudra qu'ils aient été forgés eux-mêmes pour qu'ils forgent leurs disciples.

C'est ce qu'a compris, dans un département où il a tenté un essai très intéressant et très probant, un inspecteur primaire de sens pratique, qui, depuis le début de la guerre, remplit les fonctions d'inspecteur d'Académie.

M. Tapie s'est demandé d'abord qu'elle était la situation des Basses-Alpes, au point de vue économique, afin de se rendre compte exactement du rôle que pouvait jouer l'éducation populaire dans ce qu'il appelle la renaissance économique.

M. Tapie a ouvert une enquête à laquelle ont collaboré toutes les institutrices et tous les instituteurs. Les réponses ont été condensées en trente rapports d'ensemble. L'on a pu déterminer, après consultation des travailleurs, l'état actuel de la Haute-Provence.

Les progrès effrayants de la dépopulation une fois constatés, l'on en a établi les causes qui sont : le déboisement, l'émigration, la faiblesse de la natalité, due beaucoup à ce fait que les « Américains », c'est-à-dire les émigrants revenus du Mexique, après fortune faite, se marient trop tard, l'insalubrité des habitations, la contamination des eaux potables, la défectuosité de l'alimentation, etc...

L'enquête des instituteurs a signalé en outre quelles ressources étaient insuffisantes en matière agricole et en matière industrielle.

Les maux étant connus, nettement révélés et dénoncés, M. Tapie, d'après les renseignements fournis par les enquêteurs, montre les quelques essais qui ont été tentés par le personnel enseignant pour conseiller, pour éclairer la population en ce qui concerne les dangers de l'alcoolisme, l'hygiène, le greffage, l'amélioration des variétés cultivées, l'apiculture, les industries locales.

Les tentatives sont louables, certes, mais combien restreintes! La bonne volonté est évidente, mais il n'y a nulle coordination dans les efforts.

La conclusion de M. Tapie est à connaître. Il écrit : « Le nombre est trop restreint des maîtres et maîtresses capables de donner, en toute compétence, l'enseignement post-scolaire technique désormais indispensable à toute la jeunesse française. C'est la totalité des éducateurs qui doit être préparée d'urgence à cette tâche en vue de l'acquisition des connaissances théoriques et surtout pratiques pour un enseignement régional agricole et industriel chez les adolescents, ménager et agricole chez les adolescentes. »

Les écoles normales devront pourvoir à cette préparation technique qui permettra aux instituteurs de donner à la jeunesse populaire le savoir pratique s'ajustant à la vie locale, dont elle a besoin.

Des conférences devront être faites par des spécialistes aux institutrices, aux instituteurs et dans les écoles normales et au dehors.

Et il faudra qu'on imite partout, pour mettre harmonie et unité dans l'œuvre de relèvement, l'innovation tentée il y a quelque temps par M. Tapie, à Digne.

Sous les auspices de la section locale de la Ligue de l'enseignement, il a organisé, par séries, des entretiens de vulgarisation économique. Il a recruté des collaborateurs : M. Mendousse, du lycée, pour l'éducation civique et sociale ; M. Fondard, directeur départemental des services agricoles, pour la culture de la lavande ; M. Ruitre, professeur à l'école d'agriculture d'Oraison, pour la sériciculture, et M. Dauphin, instituteur à Riez, pour l'apiculture ; M. Jourdan, directeur du cours complémentaire d'Oraison, pour les sociétés mutuelles, etc...

Ce qui s'est fait en pays de montagne, grâce à un homme d'initiative et de progrès, on peut, on doit le réaliser ailleurs, et avec moins de difficulté.

Le succès des réformes projetées ne peut d'ailleurs être assuré autrement. Il implique l'initiation des éducateurs à la vie économique.

POUR JETER DU LEST !

On a mené grand bruit dans la presse en découvrant l'ignorance de très nombreux conscrits en matière historique. On s'est moqué agréablement de leurs réponses, sans se demander si l'on répondrait mieux soi-même, au cas où, à onze ou bien douze ans, on aurait été « loué » à la ferme, à l'atelier.

Mais les erreurs et confusions où s'égarent les « bleus » tiennent aussi à une autre cause.

Certes, l'adolescent oublie bientôt ce qu'a su l'enfant, mais surtout si l'enfant a vite, mal et trop appris.

L'enseignement de l'histoire tel qu'il est donné à l'école primaire, en vertu des programmes, des habitudes, ne peut pas éveiller le goût de l'histoire, produire la rétention de l'histoire.

A la veille du certificat d'études, trop de dates, trop de faits encombrent le cerveau de l'enfant, sans le garnir, sans y être classés et ordonnés. Quelques mois après la conquête du diplôme, l'indigeste amas de connaissances est rejeté par dégoût et par ennui. Et si l'écolière, si l'écolier n'ont que peu fréquenté les bancs de la classe, rien ne reste de ce qu'ils ont vaguement entendu en quelques vagues trimestres de scolarité. Quel travail dépensé en pure perte par les maîtres et par les disciples!

Il faudrait, pour que la moyenne des écoliers, des apprentis de demain, fût un peu dégrossie, mît à peu près en place les principaux épisodes de l'histoire nationale, que, pour la grande masse prenant simplement contact avec les toutes petites classes, l'on rompît avec le cours suivi, avec le déroulement des dynasties, avec les développements classiquement enchaînés.

L'histoire à l'École, la Grande Histoire des Petits devrait se composer de Clovis à la Révolution, de vingt récits ou biographies, présentés à la manière d'une Morale en action, mais point monotone, point ennuyeuse, très vivante, très émouvante, faisant appel au sentiment plus qu'à la raison sèche et froide. Traits de mœurs, anecdotes, descriptions, comparaisons, croquis, gravures, seraient utilisés pour enfoncer « ce qu'il faut savoir » dans l'esprit et pour éviter le fâcheux et hâtif : « Je ne me rappelle plus ».

Et trente récits ou biographies, trente « belles

histoires », seraient narrés, avec une scrupuleuse exactitude certes, mais avec le souci du pittoresque, de la couleur, pour que « ceux qui auront vingt ans » ne soient pas muets quand on leur parle de la Révolution, de Napoléon Ier, de Thiers, de Gambetta, de la guerre de 1870.

Des révisions constantes seraient faites qui fixeraient pour toujours les cinquante « Pages d'Histoire », au profond du souvenir. Cinquante dates serviraient de points de repère, de clous où accrocher les événements que le futur électeur, le futur citoyen ne doit pas être plus censé ignorer que la loi. Et sur ces clous, comme disait Sarcey, il faudrait taper, sans répit.

C'est Félix Pécaut qui demandait qu'on logeât dans la mémoire et dans l'intelligence des enfants une trentaine de grandes dates historiques à réciter imperturbablement. Je fais bonne mesure en allant jusqu'à cinquante. Mais je consens bien volontiers à des réductions.

« Quelle hérésie, s'écriera-t-on; c'est de l'histoire en tablettes, c'est de l'histoire Liebig! »

J'aime mieux cette histoire comprimée, que le néant ou le quasi néant actuel.

Je sais d'ailleurs bien des gens du monde qui, les pieds sur les chenêts, se gaussent en lisant les coq-à-l'âne de Dumanet et qui seraient bien embarrassés pour citer exactement cinquante dates d'Histoire, depuis la conquête des Gaules par les Romains jusqu'à la conquête du Maroc par les Français.

Les 50 dates et faits, constamment lus et relus, vus et revus, expliqués et commentés, deviendraient moello et sang pour les enfants, les adolescents. A la sortie de l'école, du cours d'adultes, on les leur remettrait sous forme de « tract », de memento, avec questions et réponses. Ils les repasseraient encore à la veille d'entrer au régiment, de subir le terrible examen des recrues qui, je le sais, est objet de souci pour des milliers de conscrits. Et ils seraient à même de ne pas passer pour des illettrés totaux, près des demi-illettrés, voire comme on l'a dit, à côté des « sub-lettrés » puisque sublettrés il y a!

J'ai vu passer l'examen des recrues en Suisse. On n'exige pas autre chose ni mieux des conscrits qui sont interrogés sur le passé des 22 cantons.

C'est sur une cinquantaine de faits dont le jury ne sort pas, et qui sont publiés longtemps d'avance, que portent les interrogations.

Ne soyons pas plus ambitieux que nos sages voisins. Imitons leur modestie qui leur permet de présenter des statistiques satisfaisant l'amour-propre national et de ne pas crier à la faillite de l'École.

Je sais qu'il en coûtera un peu aux instituteurs, amis des études historiques, de jeter ainsi du lest, de se faire les moniteurs, les répétiteurs, les vulgarisateurs d'une science amoindrie et qui pourtant, grâce à eux, peut et doit rester éducative.

Mais il est des sacrifices nécessaires qu'il faut vouloir consentir.

La pédagogie, comme la pratique du tout ou rien, est inféconde. Obtenons un savoir minimum pour échapper au maximum de l'ignorance.

Allons!

Quel est le savant qui, fuyant l'érudition, rédigera

sous forme de questions et de réponses, avec émotion, avec verve, dans une prose claire, directe, prenante, un Abrégé en cinquante pages, bien à la portée des grands et des petits enfants, défendant contre l'oubli « le Souvenir français »?

POUR LE THÉATRE ÉDUCATIF

Le cinéma va triompher à l'école. De différents côtés, l'on édite des collections. La Ligue française de l'enseignement vient même d'instituer une commission chargée de choisir des appareils et de dresser les listes de films, propres à l'école du jour et à l'école prolongée. Elle aura un service spécial pour la vue mobile, comme elle avait fait, avec tant de succès, pour la vue fixe.

Mais il est permis de penser que la vue fixe ne doit pas être abolie, qu'elle a encore sa raison d'être et des services à rendre.

Il est surtout permis d'estimer qu'il ne faut pas sacrifier l'ouïe à la vue et que, si l'œil trouve son compte à la vision lumineuse, l'oreille a quelque droit de réclamer sa part d'agrément.

D'éducation aussi, autant que de récréation.

Dans les Patronages, dans les Associations d'anciens élèves, place au cinéma contrôlé, ne donnant ni dans le mélodrame larmoyant, ni dans la charge trop appuyée. Mais place aussi au théâtre, comme on dit sur le « plateau » !

Non qu'il faille induire jeunes filles et jeunes gens en tentation de cabotinage. C'est le mal du siècle. Il faut avoir garde de le propager.

Mais, sous réserve de ne point faire appel aux professionnels, aux dangereux tournants des « bis » et des rappels qui incitent à sortir malencontreusement du programme arrêté, de ne pas verser dans la déclamation chère aux Conservatoires officiels, de ne pas faire choix de pièces prétentieuses, quel parti ne peut-on pas tirer de représentations empruntées au répertoire des classiques, ou bien de Maurice Bouchor, de Frédéric Trénard, de Médéric Charot, de Marilie Markovitch, ou encore de Jean Macé dont tant de pièces mériteraient d'être reprises!

Ce sont les réflexions que je me faisais récemment en assistant à une « Première », celle des *Larmes d'une mère*, comédie de Jean Macé, qui figure dans son *Théâtre du Petit Château* et qui jouée d'abord, il y a cinquante ans, en Alsace, à Beblenheim, a fait son apparition à Paris, grâce à la Ligue de l'enseignement.

Après avoir entendu ce petit chef-d'œuvre de grâce émue et spirituelle où tant d'art s'allie à tant de simplicité, j'ai compris pourquoi le grand éducateur attribuait une place si importante au théâtre dans son plan d'éducation.

Mais c'est lui-même qui va vous dire pour quelles raisons il aimait tant et saynètes et charades, et comédies à nombreux personnages. N'a-t-il pas écrit :

« Il y a peu d'exercices plus utiles pour développer la mémoire, former la prononciation et donner de l'aisance aux manières que ces représentations en famille dont le travail préparatoire est accepté avec enthousiasme, parce qu'il y a un plaisir au bout, et que c'est presque un honneur d'être choisi. C'est en même temps un moyen précieux pour donner des leçons qui ne s'oublient pas, leçons de conduite et même leçons de classes, si l'on veut en prendre la peine. Si je n'avais pas autre chose à faire, je m'engagerais volontiers à enseigner toute l'histoire de France avec les dates, dans une série de pièces se suivant d'époque en époque. Mes élèves ne seraient peut-être pas en état de passer ensuite un examen, mais elles en sauraient certainement plus long que des liseurs de Manuels. Ajoutez que la question du costume nécessite des recherches qui ont aussi leur valeur historique, sans compter que le goût s'y forme, ce qui n'est pas à dédaigner. Je m'étonne encore à chaque fois, malgré l'habitude, des magnificences que savent improviser les jeunes filles avec des jupes blanches, des talmas, des fleurs et des feuilles de papier doré. Pour cinq sous, on fait une reine qui conserve un certain prestige toute une soirée. »

La page est peu connue. Elle contient, sous une forme *amusante*, une leçon bien française qui est à retenir.

FIN

TABLE DES MATIÈRES

II. — L'Entente éducative des Alliés.

III. — Choses vues.

IV. — Petits Plaidoyers.

SAINT-DENIS. — IMPRIMERIE Vᵉ BOUILLANT ET J. DARDAILLON

LIBRAIRIE FÉLIX ALCAN, boulevard Saint-Germain, Paris (VIe).

CONSTANTIN (Cne A.). — **Le rôle sociologique de la guerre et le sentiment national**, suivi de *la guerre moyen de sélection collective*, par le Dr STEINMETZ. 1 vol. in-8, cart. . . . . 6 fr. »

DRIAULT (Ed.), agrégé d'histoire. — **L'Unité française.** Préface de H. WELSCHINGER, de l'Institut, 1 vol. in-16. . . . . . . 3 fr. 50

Éducation de la démocratie (L'), par MM. E. LAVISSE, A. CROISET, CH. SEIGNOBOS, P. MALAPERT, G. LANSON, J. HADAMARD. 2e édit. 1 vol. in-8, cart. à l'angl. (*Ecole des Hautes-Etudes Sociales.*). . 6 fr. »

Enseignement et démocratie, par MM. APPELL, J. BOITEL, A. CROISET, DEVINAT, CH.-V. LANGLOIS, G. LANSON, A. MILLERAND, CH. SEIGNOBOS, 1 vol. in-8, cart. à l'angl. (*École des Hautes-Études Sociales*). 6 fr. »

LANESSAN (J.-L. de), ancien ministre. — **Comment l'éducation allemande a creé la barbarie germanique.** 1 brochure in-8. . . . . 0 fr. 60

Méthode positive (La) dans l'Enseignement primaire et secondaire, par MM. BERTHONNEAU, BIANCONI, BOURGIN, BRUCKER, BRUNOT, DELOBEL, RUDLER, WEILL. Préface de A. CROISET. 1 vol. in-8, cart. à l'angl. (*École des Hautes-Etudes Sociales.*). . . . 6 fr. »

Œuvres périscolaires (Les), par MM. les Drs CALMETTE, GALLOIS, DE PRADEL ; MM. G. BERTIER, ÉD. PETIT, COUDIROLLE ; Drs REGNIER, CAYLA, DOLERIS, P. LEGENDRE, BOULLOCHE, L. BOUGIER. Préface [illegible] M. le sénateur Paul STRAUSS. 1 vol. in-8, cartonné [illegible] (*Ecole des Hautes-Etudes Sociales.*). . . . . 6 fr. »

PAYOT (Jules), recteur de l'Académie d'Aix. — **L'éducation de la volonté.** 42e édit. 1 vol. in-8. . . . . 5 fr. »

PETIT (Edouard), inspecteur général de l'Enseignement primaire. — **De l'École à la Cité.** 1 volume in-16. . . . . 3 fr.

— **De l'École à la Guerre.** 1 vol. in-16. 2e édition. 3 fr.

Nation armée (La), par MM. le général BAZAINE, HAGLÈS, C. BOUG E. BOURGEOIS, Ct BOUQUET, E. BOUTROUX, A. CROISET, G. DEMEN G. LANSON, L. PINEAU, le capitaine POTEZ, F. RAUH. 1 vol. in- cart. à l'angl. (*Ecole des Hautes-Etudes Sociales.*). . . . 6 fr.

L'ÉDUCATION

REVUE TRIMESTRIELLE D'ÉDUCATION FAMILIALE ET SCOLAIRE.

Couronnée par l'Académie des sciences morales et politiques (grand prix Audiffred, 19

(Huitième année, 1917)

Directeurs : G. BERTIER et L. CELLERIER

ABONNEMENT **(du 1er Janvier)**. Un an : France et colonies, **7 fr. 50.** Etranger, **8 fr. 50.** — Le numéro, **2 fr. 50.** — **Envoi grat d'un spécimen sur demande.**

Saint-Denis. — Imp. Ve Bouillant et J. Dardaillon, 47, boul. de Châteaudun.

Saint-Denis. — Imp. Ve Bouillant et J. Dardaillon, 47, boul. de Châteaudun.

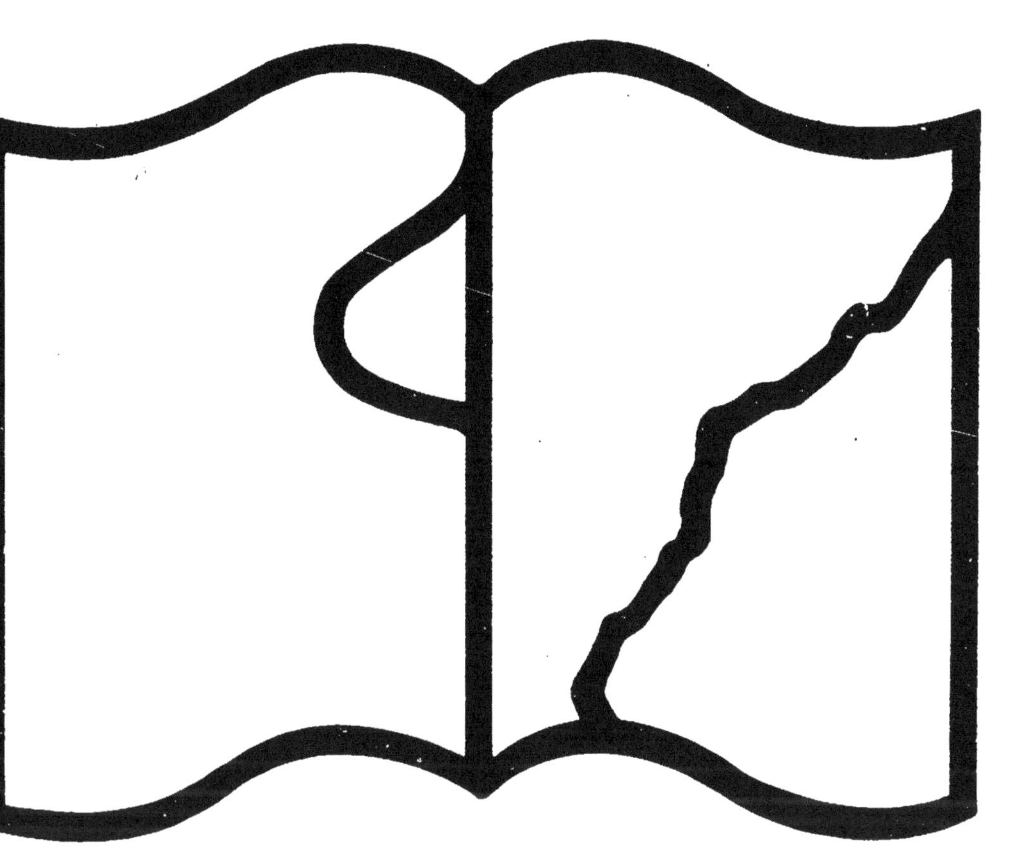

Texte détérioré — reliure défectueuse

NF Z 43-120-11

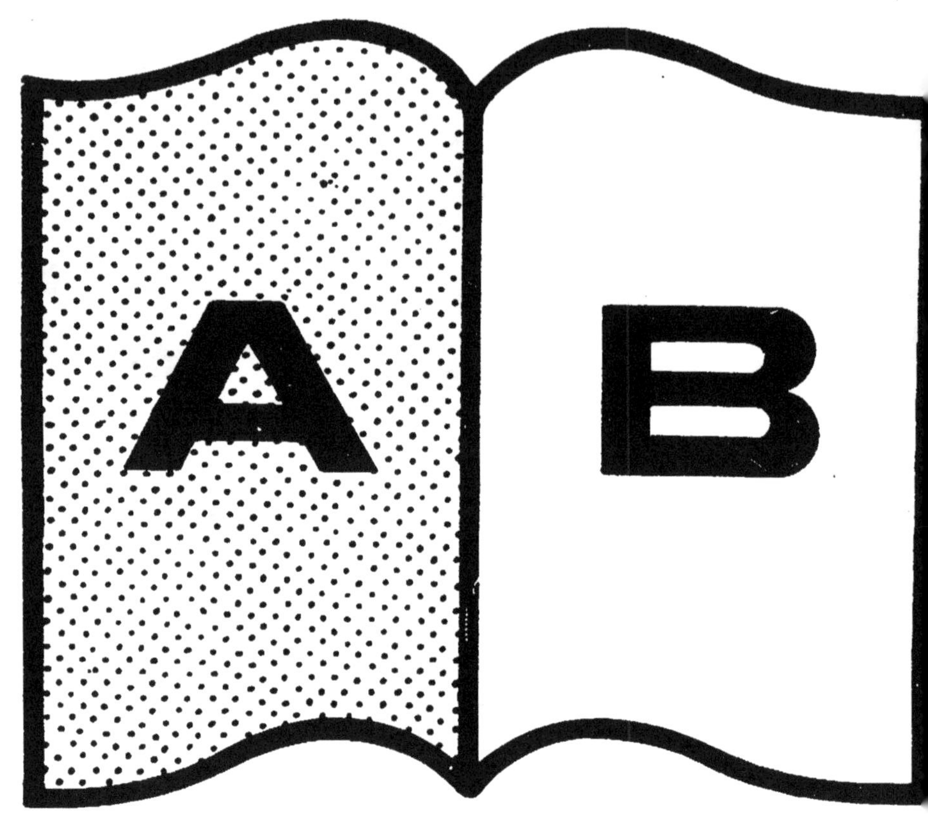
A
B

www.ingramcontent.com/pod-product-compliance
Ingram Content Group UK Ltd.
Pitfield, Milton Keynes, MK11 3LW, UK
UKHW021904260726
13966UKWH00006B/506